JN097319

はじめに

スポーツは、未来を創造してくれる——

　日常生活を有意義に過ごすためには、多くの情報に触れる機会を持つことが必要である。またそれは、適切な選択のために活用できる「判断材料」が増えることを意味する。

　しかし、たとえ判断材料が増えたとしても、そうした情報を受け身の姿勢（教わる）のままで鵜呑みにしていたのでは、間違った方向に流されてしまうこともある。

　そうならないようにするには、情報を分別（気づき）し、理解（学ぶ）できるようになるための「リテラシー」の獲得が重要となる。これからの時代は、多くの領域で「○○リテラシー」の獲得や洗練が求められる社会になっていくだろう。そして、その一つとして、スポーツにもとづくリテラシー（フィジカル・リテラシー、アスリート・リテラシー、フィットネス・リテラシーなど）の醸成に是非、関心を示してもらいたいと思う。

　わが国は、これから「人生100年時代」を迎える。そのような中でも、スポーツにより良く接することができるようになれば、自らの人生をより豊かに生きる（wellness）健康生活をデザインしていけるようになるはずだ。そうなれば、きっと楽しい人生を送れるようになるだろう。

　昨今、スポーツに関する情報が氾濫するようになっているが、それは人々が競技スポーツや健康スポーツに大きな関心を寄せているからであろう。本書は、そのような時代背景を踏まえ、スポーツの理論と実践の研究と教育の活動を通じて、筆者がこれまでに考えてきたこと、伝えておくべきと感じたことなどをもとに、現在のスポーツや健康に関する話題や問題を掘り下げ、わかりやすく提示した書である。

　スポーツとは元来、「楽しむこと」「遊ぶこと」である。

だが、それだけにとどまらず、例えば「競技スポーツ」の中で展開されるプレーの数々は筋書きのないドラマそのものであり、結果に至るまでの想いや決断、勇気、指導、育成プロセスといった実に多様な側面も持っており、それらはまさに人生そのものに相通じる。競技スポーツを見ることで、人生を歩んでいく上で参考になる貴重なヒントをもらうこともできる。また、生涯を通じて、スポーツで身体を動かせば、身体の機能が向上したり、その衰えを緩やかにすることもでき、病気や障がいなどを予防する一助にもなり得る。競技スポーツだけでなく、そのような「健康スポーツ」と向き合うことで、豊かな人生に欠かせない健康と体力を獲得することもできるのである。

　スポーツ科学を学ぶことは、面白い。なぜなら、「楽しむこと」「遊ぶこと」を追求していくからである。スポーツにもとづくさまざまなリテラシーを向上させて、これまでとは違ったスポーツの魅力を再発見してもらいたいと願っている。

　スポーツは、未来を創造してくれる——。

　本書を通じて、人生をエンジョイするヒントを見つけていただければ幸いである。

もくじ

第3章

身体をつくる

第4章

身体を整える

第5章

身体を動かす

第6章

スポーツとアスリート

第7章

アスリートの驚異の肉体

第8章

人類の進化と科学の進歩、その光と影

第9章

スポーツの未来学

◎参考文献

おわりに

第1章
「スポーツ」を考える

1. スポーツの概念

① 「スポーツ」とは?──「楽しむこと」「遊ぶこと」

　「スポーツ」は、それぞれの時代や社会における遊び、休養、余暇生活の送り方といった生活習慣に深く関わっている。そのため、その意味や内容は、さまざまに変化してきた。また、人それぞれスポーツに対する考え方が異なっていることから、スポーツの定義も数多く存在する。したがって、日常的に使われている「スポーツ」という用語を厳密に定義することは案外、むずかしい。

　意外に知られていないが、スポーツ（sport）という用語には、それ自体に意味がある。「Sport」は、古代ローマ人が使っていたラテン語の「deportare」が語源である。それが後にフランス語となり、「depspoter」「desport」として用いられた。そして、イギリスへ渡って英語になり、「de」が落ちて「sport」となった。祖語であるラテン語の「deportare」における「de」は、「分離」を意味する接頭語で「away」に相当し、「portare」は「運ぶ」すなわち「carry」を意味する。したがって「deportare」は、「carry away」となる。

　これらから読みとると、スポーツとは「自分の日常の仕事から心を他の面に運ぶこと」となる。つまり、スポーツとは、本来の意味から解釈すると、「仕事に疲れたとき、気分転換に何かをすること」、あるいは「生活の生真面目な、あるいは辛い場面から離れて、気晴らしをすること」となる。「スポーツをすること」を英語で「play」というが、「play」が「遊ぶ」「楽しむ」と和訳されているならば、スポーツを「楽しむこと」「遊ぶこと」と解釈する見解に異論はないだろう。

スポーツは昨今、多くの人々にとって、日常における関心事であり、生活の一部にもなっている。また、政治や経済にも、大きな影響を与えている。記憶に新しい2020東京オリンピック・パラリンピックの延期問題は、それを象徴している。

　混沌とした今だからこそ、改めてスポーツの真価が問われる。スポーツを「真剣に楽しみ、一所懸命に遊ぶ」ことが日常生活をより豊かにする、ということを多くの人に気づいてもらいたい。

②今日のスポーツ――「健康スポーツ」と「競技スポーツ」

　今日のスポーツは、「より健康になる」ために実践する身体活動と、「より強くなる」ために実践する身体活動の2つに大きく分けられる。前者は「健康スポーツ」、後者は「競技スポーツ」と呼ばれている（**図1-1**）。

　言うまでもなく、健康スポーツでの主役はわれわれ「一般人」であり、競技スポーツにおけるそれはオリンピック選手やプロスポーツ選手に代表される「アスリート（選手）」である。

　健康スポーツで身体を無理なく動かすことを「エクササイズ（運動）」と言う。そして、そのエクササイズを日々繰り返して一定の効果を得るために身体を動かすことを「トレーニング（訓練）」と言う。また、競技スポーツで身体を激しく動かすことも「トレーニング（訓練）」と言う。このように身体を動かすことを、目的（強度）の違いによって、エクササイズと言ったり、トレーニングと言ったりする。

　健康スポーツは今日、「健康・体力づくり」を目的の一つとして、一方、競技スポーツは「パフォーマンス向上」を最大の目的として、それぞれ実践されている。そして、2つの異なる目的を持った健康スポーツと競技スポーツは、老若男女を問わず、われわれの暮らしの中で欠かせない存在となっている。

　健康スポーツは、身体を動かすという人の本質的な欲求を満たすとともに、爽快感や達成感、他者との連帯感などの充足も図ることができる。さらには、体力の向上、生活習慣病の予防、ストレスの解消など、心身にわ

たる健康体力の維持増進に大きな役割を果たす。

　これに対し、競技スポーツは、ヒトの能力への挑戦、可能性を追求する営みといった意義がある。そして、ひたむきに打ち込むアスリートの振る舞いや発言は、スポーツへの関心を高め、活力ある健全な社会の形成にも大きく貢献する、という特性がある。

③健康・競技スポーツの魅力── 「する」と「みる」

　われわれ一般人を主体として、スポーツを考えていくと、スポーツには「する」と「みる」の2つの魅力があることに気づく。われわれにとって「する」のは健康スポーツであり、「みる」のは競技スポーツである。またそれは、ヒトの身体を拠り所にした文化であると言える。

　とは言え、スポーツの魅力は何と言っても、「する」ことにある。スポーツのもともとの語源が示すように、スポーツの楽しさは元来、遊び感覚で

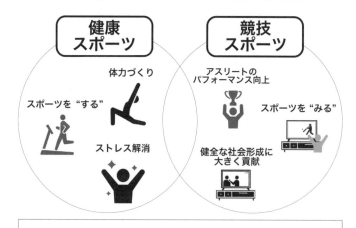

（杉浦）

図1-1　「健康スポーツ」と「競技スポーツ」

身体を動かすこと自体にある。汗をかいた後の爽快感や達成感といった精神的な充足が得られると同時に、仲間とのコミュニケーションも活発にする。加えて、体力年齢の低下を緩やかにし、生活習慣病なども予防できる。多様な魅力や意義をスポーツは持っている。

　スポーツをする理由の1位は、20歳代では「楽しいから」である。しかし、40歳代を過ぎると、その理由は「健康のため」に変わる。実際、体力の衰えを確実に感じる年齢でスポーツを続けている人たちの多くは、「スポーツは自分の健康のために楽しむ」という傾向にある。

　しかしながら、「健康のため」という理由だけでは、スポーツを「する」ことは続かない。「楽しい」からこそ、続くのである。スポーツを実践している人たちは、日常生活の限られた時間の中で、真剣に楽しみ、一所懸命に遊ぶことで、スポーツを「する」魅力を感じているのだろう。健康スポーツでは、むしろ「楽しむ」ことを忘れてはいけない。

　一方、スポーツを「みる」ことへの関心の高さは、わが国のスポーツ中継の歴代視聴率ベスト10がいずれも50％以上であるという事実が証明している。スポーツを「みる」機会は、テレビ放送の技術の進歩やインターネットの普及などによって、大きく拡大した。わが国では、オリンピック、ワールドカップ、ワールドベースボールクラッシック（WBC）などの世界大会への関心度が過半数を超えており、期間中に国民的関心事となることも少なくない。また現在、毎日放送されているテレビ番組の中で、スポーツ関連の番組が占める割合は約5％に上り、その平均視聴率も6〜7％と全番組の平均よりも2％ほど高いと言われる。世界の一流アスリートのプレーがリアルタイムで見られるようになったことも、今日的なスポーツ中継の特徴と言えよう。最近では、さまざまなスポーツ種目に放送枠が拡大されつつある。もちろん、種目ごとの関心の高さは、世界的なアスリートやチームの実力（ランキング）や活躍度が大きく影響する。

　スポーツへの関心は、そのアスリート、チームへの想い入れや期待感、一体感などによって生まれてくる。そういった気持ちがあるからこそ、スポーツを「みる」とき、胸が熱くなり、アスリートの一所懸命に競技する姿や限界に挑む姿に感動し、夢や勇気をもらうのだろう。

④スポーツへの誘い──人生をより豊かに

　わが国では、スポーツが「一部のアスリートの行う活動」として、あるいは「相手と競い合うこと」として、イメージされた時代があった。しかし今や、スポーツに対する考え方は、アスリートが強靭な体力を養成して高度な技術を極める「競技スポーツ」だけでなく、誰もが楽しめる健康づくりを目的として身体を動かす「健康スポーツ」もスポーツである、という認識が一般的になっている。

　そもそもスポーツを語源から解釈すれば、実は「健康スポーツ」こそが本来のスポーツであると言っても良い。「競技スポーツ」は、元来のスポーツに競い合う、お金を稼ぐといった付加価値をつけたに過ぎない。

　スポーツは「する」「みる」によって、快適で、心地良い、豊かな人生を送るための文化的な財産となる。繰り返すが、スポーツとは「楽しむこと」「遊ぶこと」である。これに尽きる。すなわち、人生を豊かにし、楽しくすることにスポーツは欠かせないのである。

2. スポーツと科学の関わり

①科学とは?

　「科学」とは、そもそも何か?

　専門領域の研究者たちは、多様な表現で「科学とは○○である」と述べている。それらをまとめると、「一定の対象領域を持ち、現象を一定の目的と方法によって系統的に研究・整理し、また応用する学問」となる。これが科学の定義となろう。具体的には、人文・社会学（系）と自然科学（系）から構成される総合学問である。人文・社会学を「文系」に、自然科学を「理系」にそれぞれ例えると、わかりやすいかもしれない。

　しかし、日本語で「科学」というと、自然科学の意味合いが強く、一般的にもそのように理解されていることが多い。広辞苑でも、狭義として

「科学≒自然科学」であると記されている。

「科学≒自然科学」であるという立場から、科学の本質を紐解いていくと、科学とは「さまざまな自然現象のうち『再現可能』な現象を選び出し、その現象から『数値』で表すことのできる性質を抜き出して研究すること」となる。

しかしながら、ヒトの運動を含めた自然現象は、そもそも数値化できるように都合良く用意されたものではないので、今日の科学では説明できない部分もある。そこに科学の限界がある。「科学である」と言うには、「再現性」（同じ手法を用いれば、何回試しても同じ結果になる）と「客観性（数値化）」（得られた結果を数字で表すことができる）という2つの条件が確保されていなければならない。

②スポーツに科学が導入された背景

日本の競技スポーツ界では長い間、「大和魂」や「根性」といった精神論に偏ったトレーニングが行われてきた。

しかし、1960年のローマオリンピックで、日本のスポーツ関係者は、スポーツ先進国のアスリートたちが科学的理論によるトレーニングを採用していることを知る。そして、1964年の東京オリンピックで彼らは、科学的理論にもとづいたコーチングによって選手のけがを予防し、種目の特性に応じた効果的なトレーニングを処方することが、世界と戦うために必要である、ということを痛感する。すなわち、東京オリンピック以後、本格的に競技スポーツにおける科学的トレーニングの実践が始まったのである。

一方、それから遅れること約20年、われわれ一般人のスポーツ（健康スポーツ）にも、スポーツ科学が導入されることになる。1980年代に入ると、高齢化や運動不足が社会問題となり、健康的で質の高い生活を送ることの重要性がクローズアップされる。民間セクターによるスポーツクラブの会社設立も、ちょうどこの頃と重なる。病気をいかに治すかではなく、病気にならないように、スポーツを行って健康を維持していくこと（＝健康スポーツ）が好ましい、と考えられたのだ。そこで、競技スポーツにおいて

考えられた科学的理論によるトレーニングを健康スポーツにも応用し、われわれに安全で効果的な運動を処方するためのサポートが、スポーツ科学者や指導者によって始められたのである（**図1-2**）。

　1964年の東京オリンピックから半世紀、スポーツ科学（技術）の発達は、間違いなくヒトのパフォーマンスや健康体力を向上させてきた。近年における新たなトレーニング法の導入や道具・用具の開発・改良は、アスリートの心技体の能力を高め、競技レベルを大きく進歩させた。と同時にそれは、一般人の健康寿命を延伸させる一助ともなっている。

　ヒトの進化あってこその競技・健康レベルの維持・向上でなければ、意味がない。言い換えれば、スポーツ科学の進歩と人類社会の進化が同時に並存しなければ、人類は滅びてしまう。アスリートのみならず、アスリートではない一般人であるわれわれも、スポーツ科学を共有し、未来に挑戦するため、知恵を創出しつつ、自ら進化していかなければならない。それが、ヒトの使命と言って良いだろう。

(杉浦)

図1-2　健康・競技スポーツと科学的理論

③健康・競技のためのスポーツ科学とは?

　「科学の定義」に倣えば、「スポーツで起こる現象を順序立てて統一された形で研究、整理し応用する学問」、これが「スポーツ科学」の定義となる。

　ところが、スポーツ科学がどのような分野によって構成されているかについては、一致した見解を得るには至っていない。なぜなら今、スポーツはわれわれの社会の中で多様に展開され、多くの課題が生み出される中で、それらを研究する学問領域も日々、進化し発展を続けているからである。実際、スポーツの人文・社会科学領域では、スポーツ経営学、スポーツ法学、スポーツ倫理学などといった比較的新しい専門分野も誕生している。

　スポーツと身体（心・技・体）の関係を明らかにするという観点から、スポーツ科学の専門領域を探ってみると、それは「スポーツ心理学」「スポーツバイオメカニクス」「スポーツ生理学」の3つの学問から構成されると言って良い。健康スポーツで個々の目標や目的を達成するためには、あるいは競技スポーツで高いパフォーマンスを発揮し栄冠を勝ちとるためには、心・技・体がそれぞれ重要なテーマとなる。そこに、スポーツ科学の意義が存在する。

　具体的には、「スポーツ心理学」ではスポーツの場面での心理状態のメカニズムについて、「スポーツバイオメカニクス」では体幹、腕、脚などの動作のメカニズムについて、「スポーツ生理学」では心臓や筋肉などの働きのメカニズムについて、それぞれ研究が行われ、実践に役立てられている。

　スポーツの領域と科学の領域を結びつける考え方が一般的でなかった日本では、今日でも「スポーツ科学」という言葉に違和感を持たれてしまうことがある。また、スポーツ科学と聞くと、「アスリートのためのスポーツ科学」を連想する人も少なくない。競技スポーツの現場において、アスリートが良い成績を残すためにスポーツ科学の導入が必要不可欠となっていることは紛れもない事実ではあるが、スポーツ科学はアスリートのみを対象とした学問では決してない。

　スポーツ科学は、スポーツを経験したことのある人なら、何らかの形で関わったことのある身近な学問と言って良い。「より強く」なるためにス

ポーツを行うアスリートばかりではなく、「より健康」になるためにスポーツを行う一般人においても当然、不可欠である。それは、スポーツと身体の関係を明らかにするのがスポーツ科学であるからだ。

　スポーツ科学は、「スポーツをする（要因）と、身体にどのような影響や効果がある（結果）のか？」などの基礎データを集め、「因果関係」を見出し、それをもとにアスリートや一般人をサポートするものだ（**図1-3**）。

　すなわち、アスリートやわれわれがスポーツをするとき、「何をすべきか？」「どうすれば良いのか？」などを具体的に教えてくれるものである。具体的に教えてくれるということは、「数値化する」ということである。言い換えれば、誰が見ても同じように理解できる表現に定量的に置き換える、ということである。感覚や勘だけではなく、具体的に数字で示すことで、より説得力を持つことになるのである。

　スポーツ科学は、競技スポーツや健康スポーツの実践の場で活用されている。今日ではスポーツへの科学的なアプローチが、トレーニング・運動処方の確立、現場でのコーチングや指導法への提言、あるいは試合で勝つための戦術、健康になるための運動実践への示唆などに有効な助言を与え

（杉浦）

図1-3　スポーツ科学とは!?

ているのである。

④スポーツ科学のススメ

　科学とは、「確かさ」の追求である。科学による確かな情報をもとにスポーツに接すれば、健康スポーツや競技スポーツの奥行きを知ることができて、より素敵なスポーツライフが広がるに違いない。新たなスポーツとの出会いを求めて、スポーツを科学し、スポーツで大いに楽しみ、遊ぶことのできる豊かな習慣を身につけてもらいたい。

　しかしながら、「科学はすべてではない」ということも、また一方の真実である。スポーツは、「science（科学）であり、art（芸術）である」ことも心の片隅に留めておくと、もっとスポーツが楽しくなるだろう。

3. スポーツライフをエンジョイする

①日常生活におけるスポーツのあり方——文化としてのスポーツ

　わが国では、スポーツが「身体を鍛える一手段」として、あるいは「ただの気晴らしや娯楽」として、捉えられていた時代が確かにあった。

　しかし今や、スポーツは文化として、芸術や音楽など以上に多くの人々の関心を集めるようになり、政治や経済の上でも、無視することのできない存在となっている。日本だけでなく、世界においても、これほどまでにスポーツが注目されるようになった時代は、過去にない。これからも、スポーツはもっと盛んになっていくであろう。なぜなら、「スポーツはヒトの身体を拠り所にした文化である」からだ。われわれは、これからもスポーツを「する」だろうし、「みる」こともやめないだろう。

　3人に2人はスポーツを「する」ことに興味を持っている、と言われる。さらに、スポーツをするのは苦手だけれども、「みる」のは好き、という人も少なくない。これらの事実は、今日においてスポーツが身近な存在である

とともに、スポーツへの関心が高いということを表している。

　なぜ、多くの人がスポーツに興味を抱くのだろうか。それは、スポーツの原点が「遊ぶこと」「楽しむこと」にあり、心や身体に好ましい影響を与えるからであろう。競技スポーツはわれわれに喜びや感動を与えてくれ、健康スポーツは心身の健康を与えてくれる。

　多くの人々にとって、スポーツとは人生を豊かに楽しく過ごすためのさしずめ「栄養剤」といった存在なのかもしれない。快適で、心地良い、豊かな人生を送るためには、日常においてスポーツを「みる」ことや「する」ことが欠かせない。

②競技スポーツを「みる」ときの心得

　競技スポーツの魅力は、決められたルールに則り、パフォーマンス（競技成績）を競い、勝負することにある。この点において、健康スポーツとは明らかに異なる。

　したがって一流アスリートは、素質に恵まれながら、心・技・体の才能を開花させるために、想像を遥かに超える厳しいトレーニングを行っている。どんな場面でも実力を発揮できる「心」を養い、個性を最大限に活かすことのできる「動き＝技術」を修得し、その種目に適した専門的な「身体能力」を身につけて、自己の限界（才能）に挑戦する努力を続けている。「強い心」「高度な技術」「驚異的な体力」を持ち合わせた一流アスリートが競技する姿は、見るわれわれを魅了し、釘づけにする。トップアスリートを称して「強い者は、美しい」と度々言われるが、これは的を射た表現と言えるだろう。

　アスリートは、勝負事において「…たら」「…れば」という仮定の話をしない。とくに、オリンピックや世界選手権といった国際大会での「短期決戦」や「トーナメント方式」では、「強い者が勝つのではない、勝った者が強い」ともしばしば言われる。まさにアスリートにとっては「結果がすべて」なのである。実際、アスリートは、大きな大会でのタイトルの獲得を最大の目標に置いている。勝負は、「筋書きのないドラマ」である。実力伯

仲の戦いでは、何が起きてもおかしくはない。だからこそ、アスリートは自ら納得のいくトレーニングを続け、心・技・体の充実を図り、試合への準備を怠らないのである。世界レベルの大会ではまた、時差、環境、食事、施設、用具・道具あるいは国際ルールの解釈の違いなど、さまざまな問題に対応しながら、競技する能力も求められる。

　競技スポーツを「みる」われわれにとっては、試合の結果のみならず、そこに辿りつくまでのプロセスも、また大変興味深い。そのような結果以外の競技種目の特性、アスリートの個性（心・技・体）、そのトレーニングの内容なども知れば、もう少し違った興味を持って競技スポーツに接することができるだろう。

　今や一流アスリートにとって、スポーツ科学の導入は必要不可欠で、「アスリートの全身そのものがスポーツ科学」と言っても良いほどである。競技スポーツを科学的に「みる」姿勢を養えば、アスリートの本質とも言える「強い心」「高度な技術」「驚異的な身体能力」の一端を覗くこともできるようになる。そうすることにより、さらなる喜びや感動をアスリートとともに分かち合うことができるはずである。

③健康スポーツを「する」ときの心得

　一方、健康スポーツは、競技スポーツと異なり、その目的が心身の健康維持や体力づくりにある。したがって、われわれは「病気にならない」「日常生活に支障を来さない」といった視点に立って、健康に関連した全身持久力、筋力・筋持久力、柔軟性の要素を高めながら、身体の脂肪量を適正に保つため、楽しくエクササイズを行えば良い。

　健康スポーツは、安全に行うことが不可欠で、そのためには、あらかじめ個々の健康状態や体力レベルをメディカルチェックと体力テストによって、きちんと把握しておくことが望ましい。それらを受けておけば、スポーツ傷害（けが・故障）を未然に防ぐことがある程度、可能になる。また、むやみに身体を動かすのではなく、より合理的に、そして効果的に行うことが重要である。そのためには、「運動の原理・原則」を理解するとと

もに、種目、強度、時間、頻度といった条件が自らの健康・体力づくりの目的に適っていることを確認することも欠かせない。

　健康・体力づくりという目的を実現できるスポーツ種目は、数多くある。実際、多くの人たちがさまざまな種目でスポーツを楽しんでいる。だが、スポーツ種目を選択するときには、その種目に対する本人の技能・体力レベルを考慮しなければならない。その種目に必要な基本が身についていれば、それに応じた運動の効果が確実に現れる。しかし、能力（技術・体力）が及ばないと、運動の効果が損なわれてしまう。また、間違った方法で行えば、スポーツ傷害の発生も招きかねない。選択した種目に必要な技術や体力を持っているか、持っていないかの違いは、大きいのである。

　一人あるいは少人数で行う健康スポーツにおいては、マイペースで少しずつ技能レベルを上げて、体力レベルを向上させていけば良い。また、複数で行うスポーツにおいては、初級者（経験者）でも、工夫次第で中・上級者とも一緒に楽しみながらプレーすることが可能である。技術・体力レベルに差があっても、スコアやポイントを調整したり、グラウンドやコートの大きさを変えたりするなどして、みなで楽しめるようにすれば良い。

　いずれにしても、どんな種目を選択するときも、上手ではなくても「少しはできる」という技術レベルを修得すること、あり余る体力がなくても、「少しは体力がある」という体力レベルを維持しておくことが、健康スポーツを行う上で肝要である。自らの運動経験や生活習慣をきちんと分析し、自分に合ったスポーツ種目を選択することが得策であろう。

　最近、テレビや新聞で「○○するだけで抜群の運動効果！」といったキャッチフレーズの健康用器具の宣伝をしばしば見かけるが、実際に期待された効果が現れることはほとんどない。それは、その方法が安直であるだけでなく、動きの少ない単調な運動だからでもある。結局のところ、楽しくなく、飽きてしまって長続きしないのだ。

　健康スポーツは、勝負や成績にこだわらず、楽しく行うことができるかどうかが、ポイントとなる。そして、どんなスポーツを「する」ときでも、心身の健康・体力づくりのため、スポーツ科学の理論にしたがって、正しく身体を動かすことを忘れてはならない。

④スポーツは人生の楽しみに欠かせない

シドニーオリンピック（2000年）の女子マラソンで金メダルを獲得した高橋尚子選手は、レース後のインタビューで、走っているときの心境を尋ねられ、「すごく楽しい42kmでした」という言葉を残した。これ以外にも、似たような話を勝利者のコメントの中で度々耳にすることがある。

一方、われわれ一般人がスポーツをする場合にも、「楽しいから」という理由が非常に大きなウエイトを占めている。確かに、楽しくなければ、スポーツはしないだろう。

要するに、アスリートが行う競技スポーツにおいても、そしてわれわれが行う健康スポーツにおいても、「楽しい」ということが、共通のキーワードの一つなのである。これは、まさにスポーツの原点でもある「楽しむこと」と一致する。

スポーツ科学は、「何をすべきか、どうすれば良いのか？」ということを明確にし、アスリートやわれわれにスポーツとの正しい接し方を教えてくれる。科学的な視点を持ってスポーツに接すれば、スポーツの楽しさと深さを知ることができて、もっと素敵なスポーツライフを送れるようになるだろう。

スポーツは、人生の楽しみに欠かせないのだから…。

第2章
スポーツと健康・体力

1. 運動不足と生活習慣病

①運動習慣の傾向——社会保障や経済にも影響

　わが国では、運動習慣（1回30分以上、週2回以上、1年以上継続）を持つ大人の割合は、男性で3人に1人、女性で4人に1人程度に過ぎない。この傾向は、近年変わらない。また、成長期（10歳代）においても、遊びの質的変化などさまざまな理由によって、「運動をしない子ども」の割合が大きくなっている。このことが、近年の体力・運動能力調査（テスト）の結果に少なからず影響を与えている。最近の青少年（6〜19歳）におけるこれらのテスト結果は、ピークであった1985年度と比較すると、明らかに低くなっている。子どもの頃からの体力低下が大人世代になっても引き継がれてしまうことは、問題と言えるだろう。

　運動習慣が確保されないと、将来的に生活習慣病の罹患数（率）の増加や、健康寿命の低下に影響することが懸念される。そして、それに伴う医療費の負担増加や労働力の低下などにより、社会全体の活力も失われかねない。今や、運動習慣の低下（運動不足）がもたらす経済的損失は、世界で年間7兆円に上るという報告もある。世界有数の長寿国であるわが国においては、これらを改善するためにも、すべての年代（ライフステージ）における運動習慣の確保（運動不足の改善）が喫緊の課題なのである。

　テクノロジーの発達やITの技術革新などは、われわれに便利で快適な生活をもたらす反面、身体を動かす機会を奪っている。したがって、これらによって生まれた自由な（余暇）時間こそ、「身体を動かすチャンス（機会）」と捉え直すべきである。われわれは、「現代的なライフスタイルにより、さまざまな疾病が引き起こされる可能性が高くなっている現実」、そし

て、「日常生活に支障を来さない・病気にならない（健康寿命の延伸）ために、運動を習慣化させることの重要性がいっそう高まっている現実」を改めて認識しておかなければならない。

とは言え、「言うは易し」である。事実、厚生労働省による「健康日本21」（第1次）の政策最終評価（2011年公表）では、「エビデンスにもとづく健康・体力づくりのための情報や具体的な（数値）目標が示されても、運動習慣を有する人が増加していない」と報告されている。また、WHO（世界保健機関）も、世界中で「運動不足の改善に対する努力（取り組み）は、ほとんど成果を上げていない」と警鐘を鳴らしている。

②運動不足がもたらす悪影響——運動不足がパンデミックのようにまん延!?

WHOは2016年、世界の18歳以上の4人に1人に当たる14億人以上が運動不足と見られ、糖尿病や心血管疾患、一部のがん、認知症などのリスクが高い、との研究結果をイギリスの科学誌「ランセット」において報告している。WHOの研究者らは、運動不足が「パンデミック（感染症の世界的大流行）」のように世界にまん延していると指摘しており、その状況は現在もなお改善していない。

わが国においても、「運動不足が原因で毎年5万人が死亡！」という資料が、平成30年にまとめられた「身体活動・運動を通じた健康増進のための厚生労働省の取り組み」で取り上げられている（**図2-1**）。

運動不足と病気（疾病）を関連づけるという捉え方は、1961年に発刊された『運動不足病（hypokinetic）』に溯る。「hypokinetic」は造語であり、「hypo」とはギリシャ語で「不足」を、また「kinetic」とは英語で「運動」をそれぞれ意味している。この本で著者らは、運動不足が筋・骨格系の疾患だけでなく、内科的疾患を引き起こすと指摘している。そして、運動不足によって生じる疾病を医学的な視点から体系的に解説し、身体活動の重要性を明らかにした。

身体活動をしない「ベッドレスト」の状態が続くと、心臓の容積が小さくなり、全身持久力が低下する。次に、筋が委縮し、筋力が衰える。つま

り、身体を動かさない生活は、ヒトの運動機能を低下させることになる。この状態が長く続くと、ヒトは肥満（脂肪量の増加）になり、サルコペニア（筋肉量の減少）になる。

　脂肪量が増加すると、循環器系、代謝系、内分泌系の異常により、肥満症、脂質異常症、高血圧、高血糖（糖尿病）を発症しやすくなる。また、一つひとつが軽度であっても、それらを併せ持つことによって重篤な疾病（心疾患や脳血管疾患）を発症する危険性が高い病態「メタボリックシンドローム：代謝症候群」となる（**図2-2**）。

　一方、筋肉量が減少すると、運動器（骨、筋）の障害により、骨折（骨粗鬆症）、腰痛、関節疾患、脊椎損傷を発症しやすくなる。基本的な運動能力が低下し、日常生活で行う簡単な動作が困難な状態「ロコモティブシンドローム：運動器症候群）となる（**図2-3**）。そして、重症化すると、寝たきり（要支援・要介護）になる。

　運動不足は、動かなくても用を足せてしまう現代人のライフスタイルの

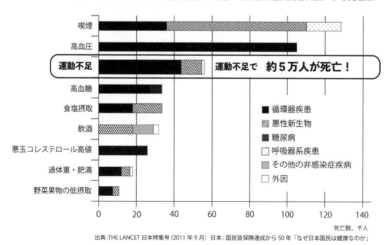

わが国では運動不足が原因で毎年５万人が死亡！

2007年のわが国における危険因子に関連する非感染症疾病と外因による死亡数

出典：THE LANCET 日本特集号 (2011年9月)　日本：国民皆保険達成から50年「なぜ日本国民は健康なのか」

（厚生労働省健康局「身体活動・運動を通じた健康増進のための厚生労働省の取り組み」より）

図2-1　危険因子に関連する非感染症疾病と外因による死亡数

図2-2　メタボリックシンドローム（代謝症候群）

図2-3　ロコモティブシンドローム（運動器症候群）

　結果の象徴である。18世紀後半に人々の生活を大きく変化させてきた産業革命以前には、運動不足の人はほとんどいなかったに違いない。

　運動不足（病）は、まさに時代がつくり出した現代病とも言って良い。そして、その運動不足が最も密接に関わってくる疾病が、生活習慣病なのである。

③生活習慣病予防の重要性

　生活習慣病の定義は、「食習慣、運動習慣、休養、喫煙、飲酒などの生活習慣がその発症・進行に関与する疾患群」とされている。生活習慣病は、生活習慣に着目した疾患群であり、加齢に着目した「成人病」とは概念的に異なる。成人であっても生活習慣の改善によって予防可能であるとし、1996年に当時の厚生省が「生活習慣病」と改称したものだ。

　代表的な生活習慣病には、肥満症、脂質異常症、糖尿病、高血圧症、虚血性心疾患、脳血管疾患、骨粗鬆症などが挙げられている。また、これら以外にも大腸がん、肺がんなどが含まれることもある。生活習慣病に含まれる具体的な疾病名については、行政、学会、保険会社などのそれぞれの立場や見解により、若干異なっているのが現状である。

　この中で、とくに肥満症、脂質異常症、糖尿病、高血圧症は、死因の上位を占める虚血性心疾患（狭心症・心筋梗塞）と脳血管疾患（脳梗塞・脳出血）の基礎疾患になることが指摘されている。また、日常生活に支援や介護を必要とする要介護の要因の上位は、かつては脳血管疾患や骨折（骨粗鬆症）・転倒、関節疾患、脊椎損傷による運動器の障害であったが、近年は認知症がトップとなっている。認知症の主要な原因は、生活習慣病でもあるので、その点からも、生活習慣病の予防は重要と言える。

　生活習慣病の特徴は、ある日突然発症するのではなく、若い頃からの日常生活の過ごし方や良くない習慣の積み重ねにより、病気の"根"がだんだんと広がっていってしまうところにある。また、「成人」に限らず、年齢に関係なく、症状が出てくるという点も、見過ごすべきではない。

　いずれにせよ、これまでの研究から、適切な運動の実践が生活習慣病を予防・改善することに大きな役割を果たすことは間違いない。

　一方、生活習慣病の一つとして位置づけられている悪性新生物（がん）は、運動との関連性（運動による予防）が必ずしも明らかになってはいない。1980年代から、運動ががんを予防する可能性がある、という疫学的研究の結果が多く報告されている。しかし今日に至っても、「運動は、特定のがん（例えば大腸がん）の予防に一定の効果があるのでないか」と考えら

れているに過ぎない。今だに、「なぜ、運動ががんを予防できるのか？」、あるいは「どんな運動がどのがんを予防するのか？」などについて、不明確な点も多い。

身体活動は、抗酸化能力を向上させて、細胞が損傷することを予防する。また、がん細胞の増殖に関連するホルモン（インスリンやエストロゲンなど）の過剰分泌を抑制し、免疫機能を向上させ、がん細胞の増殖を阻止したり、死滅させたりする。その結果、運動はがんを予防すると考えられている。

しかし、これらのメカニズムを実証する知見は、今のところ見当たらない。運動とがんとの関係を探る基礎的研究の発展が期待される。将来、運動ががんの予防に及ぼす影響が明らかになるのかもしれない。

④ 「二次予防」から「一次予防」、そして「環境整備」（ゼロ次予防）へ

今日の予防対策は、「早期発見・早期治療（二次予防）」より、「生活習慣を変えていくことによって病気にならないようにする一次予防」という積極的な考え方にもとづいている。つまり、「病気になったら治す」ではなく、「病気にならないように予防する」である。このような取り組みは、2000年に策定された「健康日本21」に採用されている。

この政策は、ヘルスプロモーションの考え方を基本戦略としている（**図2-4**）。WHOによれば、ヘルスプロモーションとは、「人々が自らの健康とその決定要因をコントロールし、改善することができるようにするプロセスである」と定義されている。ここでは、健康を「人々が幸せな人生を送る『生活の質（QOL：Quality of life）』の向上ための大切な資源」と捉えている。健康な人、病気や障がいを抱えている人も、何人もその人なりの幸せな人生を送れるようになるためには、健康の維持・改善が必要になる、ということである。

ヘルスプロモーションの考え方の肝は、個人が病気の治療のみならず、その予防や健康増進に向けて主体的、積極的に行動することを求める一方で、社会全体としても個人や地域の健康への取り組みを支援し、そのため

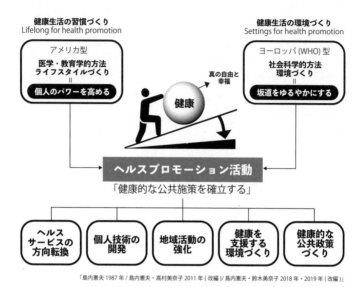

坂道をゆるやかにするヘルスプロモーション

健康生活の習慣づくり
Lifelong for health promotion

アメリカ型
医学・教育学的方法
ライフスタイルづくり
＝
個人のパワーを高める

真の自由と幸福

健康

健康生活の環境づくり
Settings for health promotion

ヨーロッパ（WHO）型
社会科学的方法
環境づくり
＝
坂道をゆるやかにする

ヘルスプロモーション活動

「健康的な公共施策を確立する」

| ヘルスサービスの方向転換 | 個人技術の開発 | 地域活動の強化 | 健康を支援する環境づくり | 健康的な公共政策づくり |

「島内憲夫 1987 年 / 島内憲夫・高村美奈子 2011 年（改編）/ 島内憲夫・鈴木美奈子 2018 年・2019 年（改編）」

（日本ヘルスプロモーション学会ホームページより）

図2-4　ヘルスプロモーションのイメージ

の環境を整える「環境整備（ゼロ次予防）」の役割を担うということが大切である、と強調している点である。

　そのような流れを受け、わが国も健康日本21の中で、従来の行政を中心とした指導・提供による疾病管理（二次予防）の取り組みから、行政と住民参画の協働・支援による健康づくり（一次予防）の取り組みへシフトすることを目指しているのである。

　個人の予防に関しては、生活習慣の改善に関する課題を見つけ、それらに対する具体的な目標を挙げてみることが大切である。その中で、QOLを向上させ、健康寿命を延ばしていきたいものである。

　ちなみに、そのために必要とされる能力は、健康に関する情報を個々に応じて取捨選択できる「ヘルス・リテラシー」（健康面での適切な意思決定に必要な、基本的な健康情報やサービスを調べ、理解し、効果的に利用する個人的能力。リテラシーに関しては、本書第9章を参照）である。

2. 健康と体力を考える

①真の健康とは!?

「健康とは？」の問いに、健康に対する概念を消極的に捉えている人は、「身体の調子が悪くないこと」、あるいは「病気やストレスから身体を守れていること」と答えるだろう。一方で、健康に対する概念を積極的に捉えている人は、「身体の調子が良いこと」、あるいは「積極的に行動できること」と答えるだろう。

どちらの答えも、健康が持つ2つの側面（消極的・積極的）を簡単な言葉でわかりやすく表現している。一般的に「健康」という概念には、「ばらつき」がある。つまり健康観は、人それぞれで異なるのである。WHOによる健康を客観的な概念とするならば、これに対する主観的な健康観として、「ウェルネス（Wellness）」という概念が存在する。ウェルネスの定義は定まっていないが、ここでは、「生きがいや仲間とのつながりと、それを実現しようとする前向きな生き方（生活態度・行動）」（第9章も参照）としておこう。

いずれにせよ、スポーツ科学を大いに活用して、自分らしい健康・体力を向上させてもらいたい。

ところで、2016年リオデジャネイロ、2020年東京のパラリンピック（カヌー競技）に出場したK.マグラス選手（オーストラリア）をご存知だろうか。彼は、2006年に18歳でオーストラリア陸軍に入隊し、2012年に派兵先であるアフガニスタンで爆弾の被害を受け、両足を失った。その後、2014年から本格的にパラカヌー（スプリント）を始め、ついには2016年、2020年の両パラリンピックで金メダルを獲得する。そんな彼が、次のような言葉を発している。

「多くの人の助けによって、今があることに感謝する。できなくなったことを考えるより、何ができるかが楽しみなんだ。できなくなったことも多いけれど、ここにパラアスリートとして自分がいる。脚を失う前より、良いよ」

この言葉は、われわれに「健康とは？」を問い直してくれる。健康の実現には、「自己を理解・実現するライフスタイルを確立し、それに応じた体力を見直し、より豊かな人生へとマネジメントする能力」が必要なのかもしれない。

②Heath-related fitnessの重要性

積極的な健康観にもとづく体力は、健康に関連した体力「Health-related fitness」（**図2-5**）と考えられる。世界に類を見ない速さで高齢化が進むわが国では、健康を支える基盤としての体力の存在意義がますます大きくなってきていると言える。

そうした中では、将来を見据え、発育・発達期を過ぎた20歳前後から、健康に関連した体力に関心を持ち、その体力要素に対する働きかけを自ら心掛けることが肝要である。すなわち、今日のわれわれは、健康を高めるための体力を運動習慣によって獲得し、かつ生活習慣病を予防し、快活な生活を送ることを目指す必要があるのだ。

そのためには、スピード、パワー、敏捷性といった運動能力「Motor-

一般人の体力要素

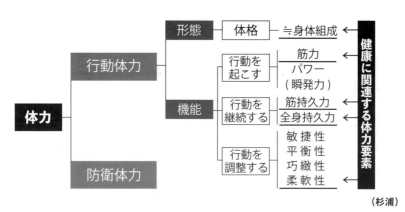

(杉浦)

図2-5　健康に関連した体力要素

related fitness」の要素を高めるだけではなく、生活習慣病の発症要因と関係する「Health-related fitness」の体力要素を高めていくことが重要になる。「全身持久力」「筋力・持久力」「柔軟性」「身体組成（筋肉、脂肪、骨、水分）」といった要素は、一般人の健康に関わる体力「Health-related fitness」として位置づけられている。これらは、いずれも生活習慣病や要介護との関連性が明確な体力要素と考えられている。

■全身持久力

　まず、「全身持久力」は、肺、心臓、筋肉での酸素摂取量の機能が深く関連することから、心肺持久力とも称される。また、長時間にわたって身体活動を可能にする能力であることから、スタミナとも言われる。全身持久力は、有酸素的で持続的な活動の多い日常生活において、最も基本的な体力要素となる。さらに、運動不足によって健康上、最も大きなダメージを受けやすく、循環器系、代謝系の疾患の発症にも大きく関与する。

■筋力・筋持久力

　「筋力」は、筋肉が力を発揮できる能力であり、「筋持久力」は、（特定の）筋肉が一定時間、持続的に力を発揮できる能力である。筋持久力は、全身の多くの筋肉を動員して、長時間にわたって身体活動を可能にする全身持久力とは異なる。腹部、背部、大腿の筋力・筋持久力は、日常生活における立位、座位、歩行時などの動作・姿勢の改善に大きく関与する体力要素となる。また運動不足によって、全身持久力に次いでダメージを受けやすく、骨・筋系の疾患の発症にも大きく関与する。

■柔軟性

　「柔軟性」とは、関節可動域で筋肉が動く能力である。これには、関節と骨格筋（腱を含む）の構造特性が関与する。柔軟性は、日常生活における立位、座位などの姿勢の維持、衣服や靴（下）の着脱、歩行などの基本動作などに大きく関与する体力要素となる。長期間にわたって、筋や腱の柔軟性が欠けると、それらが拘縮して、知覚神経を圧迫し、こりや痛みなどの症状を首・肩や腰の部位に引き起こすこと（障害の発症）がある。一方で、柔軟性が備っていれば、日常生活で起こり得るけがや障害の予防の一助ともなり得る。

■身体組成

　「身体組成」とは、脂肪組織と脂肪以外の骨、筋肉、水などの除脂肪組織との構成割合を言う。身体組成は、健康との関わりが大きい。

　脂肪（体脂肪率）は、バランスの良い食事と適切な運動によって、適度に確保されなければならない。脂肪細胞に過剰にエネルギーが蓄積されると肥満し、動脈硬化を引き起こす。これが、生活習慣病（循環器系、代謝系の疾患）や要介護の誘因となる。

　筋量は、鍛えなければ、あるいは加齢によって、確実に低下する。これは、筋肉それ自体が萎縮するからである。筋の萎縮によって筋量が低下すれば、生活習慣病（筋系の疾患）や要介護の誘因となる。

　骨密度は、性差があるが、バランスの良い食事と適切な運動によって、確保される。しかし、加齢とともに、確実に低下する。これは、骨のリモデリング・サイクル（骨吸収と骨形成が連動している骨代謝、骨組織の置き換え現象。第4章を参照）のバランスが崩れ、骨形成のスピードが緩やかになるからである。骨の密度が低くなれば、生活習慣病（骨系の疾患）や要介護の誘因となる。

　水分（量）は、全身のあらゆる組織（筋肉、皮膚、血液、骨など）に含まれている。水は、ヒトの循環・代謝機能に重要な役割を果たしている。体内に吸収された栄養素の運搬や代謝、ガス（酸素や二酸化炭素）の交換や運搬は、すべて水を介している。暑熱環境で身体の脱水が進行すると、熱中症の症状が見られるようになる。

　日頃から、全身持久力、筋力・筋持久力、柔軟性の体力要素を高めて、身体組成を適正に保つことを心掛けてほしい。そして、生活習慣病（循環器系、代謝系、筋系・骨系）の予防、将来の介護予防に役立てたい。

③健康寿命──重要性が高まる運動・スポーツ

　厚生労働省の2019年の統計によれば、日本人の平均寿命は、男性が81.41歳、女性が87.45歳である。しかし、健康上問題のない状態で日常生活を送れる「健康寿命」は、男性で72.68歳、女性で75.38歳となっている（**図2-6**）。

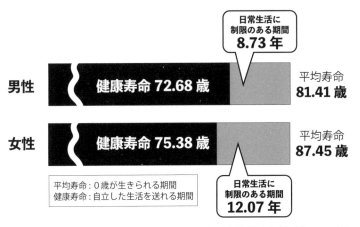

平均寿命と健康寿命の関係

日常生活に
制限のある期間
8.73 年

男性 健康寿命 72.68 歳

平均寿命
81.41 歳

女性 健康寿命 75.38 歳

平均寿命
87.45 歳

平均寿命：0歳が生きられる期間
健康寿命：自立した生活を送れる期間

日常生活に
制限のある期間
12.07 年

(厚生労働省令和3年健康日本21(第二次)推進専門委員会資料「健康寿命の令和元年値について」より)

(厚生労働省資料をもとに作図)

図2-6 平均寿命と健康寿命

　つまり、男性で8.73年間、女性で12.07年間は、老境で病を得たり、介護が必要な生活を送っていることになるのだ。さらに、体力低下世代の高齢化により、2025年度の医療費は2015年度と比較すると1.4倍に、介護費は1.9倍に増えると予想されている。

　近年、社会保障費抑制の観点からも、運動・スポーツの重要性がより高まっている。その意味では、運動・スポーツを予防医療の一環として位置づけるべきなのかもしれない。スポーツは、健康・体力づくりに役立ち、「病気にならない・日常生活に支障を来さない」ことに寄与し、さらには医療・介護費の削減にもつながる。スポーツには、多くの効用があるのだ。

　平均寿命における健康寿命の割合をいかに大きくするかは、個々人だけでなく、超少子高齢社会のわが国全体の重要課題と言える。そのための実効的な対策が急務となっている。

④健康・体力づくりの課題——本来の意義（play＝遊び）の喪失

　近年わが国では、健康都市づくりの理念にしたがって、人々が手軽に利用できるスポーツ関連施設の整備やまちづくりが進んでいる。

　しかし、依然として限定された層（運動習慣が確立されている者、時間的余裕のある退職者など）だけが、習慣的にスポーツを実践しているに過ぎない。ここ10年間、習慣的にスポーツを実践している者の割合は、「横ばい」の状態が続いている。エビデンスにもとづく健康・体力づくりのための情報や具体的な数値目標が示されても、運動習慣を有する人は増加しない状況であることは、本章の冒頭で述べた。また、行政等の主導で行われる介入（運動、食事、行動変容など）では、参加者等の体力の向上や医療費の削減などに一定の効果が得られても、「医療関係者や運動指導士などによる記録管理型であることから、人的資源と膨大な指導時間を要する」、あるいは「短期的な運動習慣は身につくが、それを継続していくことはむずかしい」といった問題点が残る。

　これらの運動習慣を形成するための取り組みや考え方の根底には、わが国独特の「健康のためにスポーツをする（課す）」というパラダイムが存在している。すなわち、日本では、「なぜ、スポーツをするのか？」「スポーツとは何か？」といったスポーツが持つ本来の意義（play＝遊び）が損なわれてしまった状態なのである。

　身体を動かす「楽しさ」がないがしろにされ、半ば義務化されているのが、わが国のスポーツの実情と言える。スポーツそのものは、大衆化されてはいるものの、それが多くの人々の生き方や暮らしを豊かにする役割を果たしているとは言いがたい。今後は、治療・予防といった保健医療の枠組みばかりに偏らず、「自発的に楽しむことを動機としてスポーツを行って、その所産として健康体力が向上する」というあり方へのパラダイムシフトが求められる。

　2021年、東京でオリンピック・パラリンピックが開催された。オリンピック・パラリンピックの開催は、これからの日本の超高齢・超成熟社会に向けて、スポーツが持つ本来の意味である「遊ぶこと」「楽しむこと」を

文化として捉える絶好の機会であった。この開催を機に、スポーツ活動を通じた幸福で豊かなライフスタイルを実現していくことへの「気づき」により多くの人々をいかに巻き込むか、が問われる。

3. 安全にスポーツをする

①メディカルチェックと体力診断テスト

　健康スポーツを安全に行うためには、自身の「健康状態」や「体力水準」を知っておくことが大切になる。日常生活の中ではとくに異常を感じなくても、運動することで身体に負担がかかり、潜在的な疾患に影響が現れるケースもある。また、自身の体力レベルを過信し、調子に乗り過ぎて、急激に運動すると、思わぬけがをすることもある。さらに、無知からけがや故障を起こすこともある。健康スポーツで起こるけがや故障は、不可抗力を除き、健康状態や体力水準を把握していれば、予防できる場合がほとんどである。

　身体のあらゆる機能は、20歳代をピークに衰えていくことを忘れてはならない。健康スポーツを始める前に、身体の健康状態に関する問題を「メディカルチェック」によって、そして身体能力の水準を「体力診断テスト」によって、それぞれ確認することが肝要であろう（**図2-7**）。メディカルチェックでは、今の自分が「健康なのだろうか？」「運動して良いのだろうか？」を、また体力診断テストでは、今の自分の「体力レベルはどの程度なのだろうか？」「どの程度の運動が適切なのだろうか？」を評価する。

　「メディカルチェック」は、「一般的ヘルスチェック」と「運動のためのヘルスチェック」に分けられる。一般的ヘルスチェックは、医師による「診断」であり、循環器や運動器の異常の発見が目的である。問診や視・打・聴・触診、あるいは臨床検査が行われる。1年に1回、学校や職場で実施されている「健康診断」のようなチェックと思えば良い。ここで何らかの異常が認められたら、医師の指導のもと、治療・改善に専念する。そして、そ

運動処方のプロセス

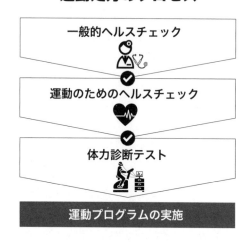

一般的ヘルスチェック

運動のためのヘルスチェック

体力診断テスト

運動プログラムの実施

(杉浦)

図2-7　運動処方のプロセス

の間、スポーツの実施は控えたほうが良い。

　一般的ヘルスチェックに問題がなければ、次のステップとなる運動のためのヘルスチェックを受けることになる。運動のためのヘルスチェックは、運動負荷テストを中心に行われる。これは、運動中の心電図や血圧の異常を発見するための内科的検査である。安静時に心電図に異常がなくても、運動負荷テストを行ったときに心電図に異常が見られることがある。このチェックで異常が認められた場合、治療に専念するか、または医師の指導のもとにその人に適した運動を続けていくことが求められる。

　運動負荷テストで異常がなければ、「体力診断テスト」を受けることになる。体力診断テストは、持久力、筋力、身体組成、柔軟性などといった身体能力を主に測定する。そして、診断の結果を同年齢の標準値と比較し、個々の体力レベルを評価する。

②運動・トレーニング処方

　「メディカルチェック」や「体力診断テスト」によって、個々の健康状態

や体力水準を知ることができれば、それぞれの能力や欲求に応じた適切な運動プログラムを作成し、安全にスポーツを楽しむことができる。例えば、6か月から1年くらいスポーツを続けた後、これらのチェック・テストを定期的に受ければ、運動が適切に行われていたか否かを判断することもできるだろう。

こうした"手続き"は、ちょうど医師が患者の症状に応じて、治療方法や薬の種類や量などを処方することに似ていることから、「運動処方・トレーニング処方」と呼ばれている。運動プログラムは、万人に共通する処方ではないので、一人ひとりの健康状態や体力水準に合わせた処方が必要になる。適切な処方にしたがって行えば、スポーツをすることで起こり得るけがや故障を未然に防ぐことができる。「メディカルチェック」と「体力診断テスト」による運動・トレーニング処方は、安全にスポーツをするための"パスポート"と言える。

スポーツの実践においては、安全が確保されていることが第一義であることを忘れてはならない。「無事、是名馬」の格言にあるように、スポーツの実践現場においては、安全が確保され、けがや故障がないことが最も大事なことなのである。

③けがと故障の発生

適切な処方によるスポーツは、身体に良好な適応を引き起こす。しかし、その人の適応範囲を超えてスポーツを行えば、それは身体にとって「害」となる。害となってしまった状態が「スポーツ傷害」である。

スポーツ傷害は、「外傷」と「障害」に区分される (**図2-8**)。一般的には、スポーツ外傷を「けが」と言い、スポーツ障害を「故障」と言う。スポーツ傷害とは、スポーツ外傷の「傷」とスポーツ障害の「害」を意味するので、「けが」と「故障」の両方を表す専門用語である。

スポーツ外傷とは、1回の大きな（外）力が身体の特定の部位にかかり、それによって引き起こされる急性の損傷を指す。したがって、発症の時期を特定できる。つまずいての捻挫、相手との接触による打撲、全力疾走中

スポーツ傷害とは !?

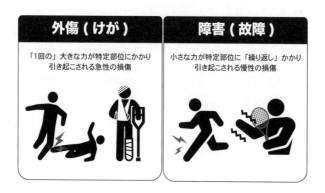

図2-8　スポーツ傷害

（杉浦）

の肉ばなれなどは、代表的な「けが」である。

　一方、スポーツ障害とは、小さな（外）力が身体の特定の部位にかかり、それが繰り返されることによって引き起こされる慢性の損傷を言う。そのため、発症の時期を特定しにくい。無理があるフォームや使い過ぎ（オーバーユース）が主な要因となる野球肩、テニス肘、シンスプリント（脛骨過労性骨膜炎）などは、代表的な「故障」と言える。

　このようにけがと故障は、明らかにその発生のメカニズムが異なる。

　以前は、スポーツ傷害と言われるけがや故障は、外科の一分野として扱われてきた。しかし今では、「スポーツ整形」と称する専門的な分野が確立されているため、スポーツによるけがや故障は「スポーツ医」と呼ばれる専門医が治療を行っている。スポーツで生じたけがや故障は、スポーツ医に診断してもらったほうが良い。

④けがと故障の予防

　スポーツによるけがや故障には、必ずその発生要因が存在する。発生要因を明らかにすれば、けがや故障を予防するためにはどうすれば良いのか、

その対処方法がわかる。けがや故障の発生要因は、「身体のコンディション」「トレーニングの内容」「トレーニングの環境」の3つに分けることができる（**図2-9**）。

身体のコンディションの要因には、その人の性、年齢、体力（身体組成、筋力、持久力、柔軟性など）、アライメント（O脚・X脚、偏平足など）、技術（フォーム）などがある。そして、トレーニングの要因には、その種目、強度、時間、頻度などの内容と、用・器具（シューズ、ウエア、ラケットなど）、グラウンド・コートのコンディション（天然芝、人工芝、オールウェザーなど）、気象状況（天候、気温、湿度など）といった環境がある。

けがや故障は、身体（内的要因）、トレーニングの内容や環境（外的要因）の中から、複数の要因が相互に関連し合い、不適・不良・不備といった問題が生じることによって発生する。多くの場合、けがや故障の要因（原因）と発生（結果）の因果関係は、複雑になる。そのため、因果関係の解明が困難になり、実践（スポーツ）の現場に還元できるエビデンスが蓄

けがや故障を予防するためには

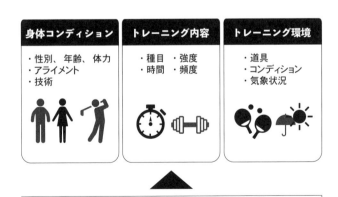

（杉浦）

図2-9　スポーツ傷害の発生要因

積されにくい。そのような理由から今もなお、けがや故障の予防法が十分に確立されないのが現状で、残念ながらけがや故障を確実に予防する（ゼロにする）ことはむずかしい。

　けがは、突発的に発生する。けがの予防は、故障と比べるとむずかしい。けがは、不可抗力によって起きることもあるからだ。サッカー、ラグビー、アメリカンフットボールなどの身体接触によって起こるけが（打撲、損傷、捻挫、肉ばなれなど）が、その典型である。しかし、一つないし複数の発生要因を特定できれば、けが（不可抗力を除く）予防の一助となり得る。

　一方で、故障は、徐々にその症状が進行していく。したがって、急に故障が生じることはない。日頃から身体のコンディション、トレーニングの内容、トレーニングの環境についてのチェックを欠かさなければ、故障を予防することはそれほどむずかしくない。故障の予防は、けがのそれと比較すると容易である。

　スポーツは、日常生活レベルを超える負荷をかけて行われるので、普段は負荷のかからない身体の部位に力がかかってしまう。そのため、スポーツによるけがと故障は、ある意味避けては通れない。「スポーツにけがや故障はつきもの」と言われる所以は、ここにあるのだろう。

　では、けがや故障をしないためには、どうすれば良いのか。その究極の答えは、スポーツをしないことに尽きる。当たり前だが、身体を動かさなければ、けがや故障は起きない。しかしながら、それでは何の解決にもならない。

　解決のための最善の方法は、「予防」にある。スポーツによるけがや故障の対策を講じるとき、予防にまさる方法はない。そのためには、けがや故障を発生させない身体コンディションの維持・管理とトレーニング内容の検討や環境の改善を図ることが求められる。すなわち、けがや故障が発生してから「どんな治療をするか？」を考えるのではなく、事前に「どんな予防（対策）を講じるか？」の準備をし、けがや故障を発生させないことが何より重要なのである。

　けがや故障に関する知識と、けがや故障をしないという意識をもって、予防を心掛けたい。

4. 効果的にスポーツをする

①運動の原理・原則

　スポーツを効果的に行うためには、「運動の原理・原則」を知っておかなければならない。「運動の原理・原則」には、「3つの原理」（**図2-10**）と「5つの原則」がある。これらの「原理・原則」は、われわれ一般人のみならず一流のアスリートにも、適用される。

　原理とは、「共通の変わらない真理」であり、言い換えれば「必然性（必ずそうなること）」である。したがって運動の原理は、「誰にでも共通に現れる運動の効果に関する真理」と言えるだろう。つまり、運動の効果を上げるために、「誰でも、このようにしなければならないこと（＝must）」である。

■運動の原理「3つの原理」

(1) **過負荷**：どんな運動を行っても、身体にかかる負荷が日常生活で発揮されているレベル以上の強さでなければ、効果は現れない（**図2-11**）。

(2) **可逆性**：適切な運動を行うことによって、身体には必ず効果が現れるが、中断すると得られた効果が失われ、元の状態に戻ってしまう（図

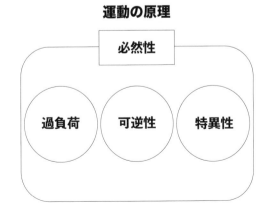

図2-10　運動の原理

（杉浦）

過負荷

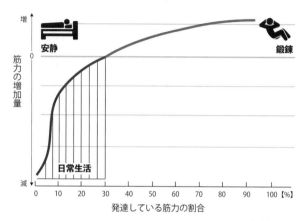

（HettingerとMuller 1961
「健康と運動の科学」九州大学健康科学センター 大修館書店 1993をもとに杉浦作成）

図2-11　過負荷

可逆性

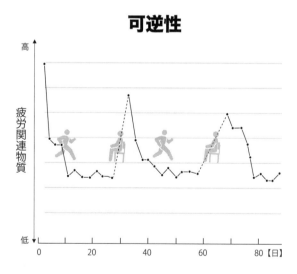

（杉浦）

図2-12　可逆性

特異性

（J.R.Magel,G.F.Foglla,W.D.McArdle,B.Gutin,G.S.Pechar,and F.I.Katch 1 JAN (1975)
https://doi.org/10.1152/jappl.(1975.)38.1.151をもとに杉浦作成）

図2-13　特異性

2-12）。

(3) 特異性：運動によって得られる身体への効果は、その種目の特性にしたがって、それぞれ異なってくる（**図2-13**）。

■運動の原則「5つの原則」

　一方、原則とは「概ねの規則（決まり）」を意味し、言い換えれば「蓋然性（ある程度、確実なこと）」である。運動の原則は、「例外もあるが、多くの人々に当てはまる運動の効果を上げるための決まりごと」と言って良いだろう。つまり、「多くの人は、このようにしたほうが良いこと(=better)」である（**図2-14**）。

(1) 全面性：心身の調和を保って行うこと。

(2) 意識性：目的と意義をよく理解して行うこと。

(3) 漸進性：強度を徐々にアップさせて行うこと。

(4) 反復性：繰り返し、継続して行うこと。

運動の原則

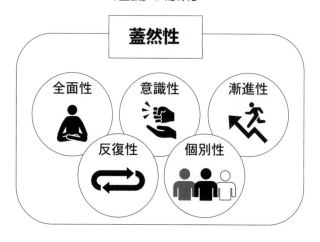

図2-14　運動の原則

（杉浦）

(5) 個別性：個人の体力や技術に合わせて行うこと。

　われわれは、どんなスポーツ種目を選択しても、スポーツ科学の理論にもとづいて、効果的な健康体力づくりを実践していかなければならない。むやみにスポーツを行っても、期待された効果は上がらない。このような「運動の原理・原則」にしたがってスポーツを行えば、望ましい効果が期待できる。

②年齢と運動の効果

　スポーツを行うと、その刺激によって、われわれの身体は変化し、適応する（効果が認められる）。身体は、トレーニングによって能力が向上する可能性（トレナビリティ＝trainability: training＋ability）がある。

　しかしながら、スポーツを行って得られる効果は、年齢や体力に応じて異なる。スポーツは何歳から始めても問題はないが、少しでも若いほうがより効果的であることは間違いない。若いときは、ちょっとトレーニングしただけでも、その効果がすぐ現れるのだが、年齢を重ねていくとトレー

ニングの効果が現れにくくなる。また効果の持続も、若いときとは違うと
感じるだろう。さらに、年齢を重ねると、効果も消失しやすい。

　われわれは、生まれてからおおよそ20年の歳月をかけて、形態（筋肉、
骨、神経、リンパなど）をそれぞれ発育させていく（**図2-15**）。同時に、身
体の機能（筋力、パワー、筋持久力、全身持久力、調整力）も、発達させ
ていく。つまり、大人になっていくのである。その後、発育・発達した身
体の形態・機能は、加齢とともに低下の一途を辿ることになる。ヒトは、生
まれてから死ぬまでの間、加齢という年月の流れの中で成長し、成熟し、
そして老化していく。

　身体の発育・発達の過程にある10歳代のときに、スポーツによる"働きか
け"を行えば、伸びゆく形態・機能をさらに向上させることができる。そし
て、成人した後のスポーツによる"働きかけ"は、形態・機能を維持したり、
低下を緩やかにしたりする。また、高齢になったら、スポーツによる"働き
かけ"は、形態・機能の衰えを遅らせることになる。

　加齢による形態・機能の変化に伴う運動効果の違いを理解して、その年

発達曲線

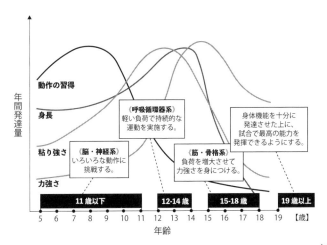

（宮下 1980
「子どものからだ 科学的な体力づくり」東京大学出版会をもとに杉浦改変）

図2-15　発達曲線

代に応じた間違いのないスポーツの実践が望まれる。

③年齢に応じた効果的なスポーツの実践

■10歳代

　10歳代までは、"育ち盛り"の時期である。「鉄は、熱いうちに打て」という格言の通り、この年代での体力・運動能力の獲得には、個々の発育・発達に応じた至適年齢がある。

　11歳頃までには、さまざまな動きや技術の習（修）得を行うことが望ましい。「動きの習得」を司る脳・神経系の発達は、10歳頃までに完了する。例えば、サッカーでボールを巧みに操るための技術を獲得しやすい"ゴールデンエイジ"と呼ばれる時期は、この年代に相当する。技術的な要素が最も向上する年齢に、特定の動作を繰り返し行うことは、脳・神経系の発達に不可欠であり、それによって、より高いレベルでのスキルを獲得できる。

　12～14歳頃までは、軽い負荷での持続的な運動の実践が適している。これが、呼吸循環器系のさらなる向上を促し、「ねばり強さ」を向上させる。

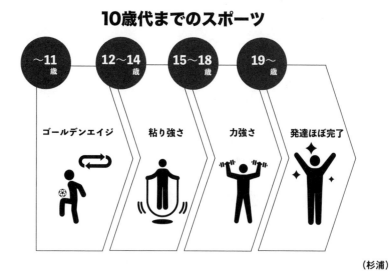

10歳代までのスポーツ

～11歳	12～14歳	15～18歳	19～歳
ゴールデンエイジ	粘り強さ	力強さ	発達ほぼ完了

(杉浦)

図2-16　スポーツ実践における年代別のポイント（10歳代まで）

呼吸循環器機能への刺激に対して最もトレナビリティが高いのが、この時期となる。

15〜18歳頃までは、「力強さ」を向上させる筋力のトレーニングを行うことが望ましい。ただし、骨が最も形成される時期（13〜14歳）に強い負荷を繰り返し加えることは、避けたほうが良い。なぜなら、骨の正常な発育を阻害することになるからである。

19歳頃には、身体の発育・発達がほぼ完了する。総合的に身体機能をトレーニングし、体力・運動能力を高めていくことが望ましい。

■20〜30歳代

20〜30歳代は、肉体的に見れば、人生の中で最も充実する時期と言える。競技スポーツに限ってみても、この年代で活躍するアスリートが圧倒的に多い。成長期を終え、心・技・体が充実した20〜30歳代は、個々の持っている能力の限界に挑戦する、あるいは適切なトレーニングによって健康体力を維持・向上させていくのに、最も適した時期と言える。

この年代では、健康で体力にも余裕があるので、自己の持つ体力・運動能力をできる限り高め、定期的にスポーツをする習慣を身につけることが望ましい。

■40〜50歳代

40歳を過ぎると、われわれの身体は確実に衰える。もちろん、「一流のアスリートでさえ…」である。20歳代をピークにして身体のさまざまな機能は、年に1％ずつ減っていくと言われる。つまり、20年間で身体機能は20％低下することになる。この程度であれば、日常生活に支障を来すことはなく、また運動をしなければ、それほど体力の衰えを自覚することもない。ところが、50歳代になると、さらに身体機能は10％低下し、同時に健康への不安も出てくる。

40〜50歳代のスポーツは、個々の持つ体力レベルの維持に努めつつ、生活習慣病の予防を目的とした健康体力づくりが目標となるだろう。自分の健康・体力に興味を持ち、スポーツを実践していくか、あるいは衰えを自覚しつつ、そのまま何もせずに見過ごしていくかは、本人次第である。

この年代でのスポーツの目的は、"老化"を遅らせることになるだろう。

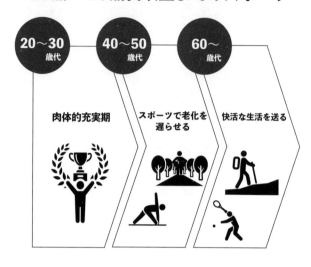

図2-17　スポーツ実践における年代別のポイント（20歳代以上）

■60歳以上

　60歳代以上になっても、積極的にスポーツに取り組むべきという考え方が、近年では一般的である。

　この年代には、低い強度の有酸素運動とレジスタンストレーニングが勧められる。有酸素運動によって「ねばり強さ」が出てくるので、日常での行動範囲が広がる。またレジスタンストレーニングを行えば、「力強さ」が出てくるので、安定した歩行が可能になる。このことは、高齢者の骨折を引き起こす最大の要因となっている「転倒」を予防することにつながる。また、寝たきりも防ぐことができるだろう。

　高齢者のスポーツの実施は、体力のレベルの維持や向上だけでなく、生活習慣病の罹患率に大きく影響する。また、活動的な日常生活を送れることによって、健康寿命も延びる。

　この年代では、無理をせずに、マイペースを心掛けて、個々の体調に合わせてスポーツを実施していくことが肝心である。高齢者であっても、トレナビリティは確認されている。

④こころと運動の効果

　老若男女を問わず、元気で楽しく毎日を過ごしていくためには、"丈夫な身体"のみならず、"心の安定"も必要になる。スポーツは、このどちらも担ってくれるだろう。

　スポーツが好きな人は、身体を動かすことで「スッキリ感」を覚えることが多い。また、スポーツがあまり得意ではない人でも、身体を動かす前には重かった気分が、身体を動かした後に軽くなった、と感じたことがあるのではないだろうか。

　身体を動かすと、交感神経が活発になり、物事を前向きに捉えやすくなる。また、神経伝達物質の一つであるβ-エンドルフィンと呼ばれる脳内ホルモンの作用によって、気持ちが高まり、幸せな気持ちにもなれる。さらに、運動を習慣化させていくと、幸せホルモンという異名を持つドーパミンの分泌が盛んになり、ワクワク感も増加する。あるいは、同じく幸せホルモンの一つであるセロトニンの作用によって、ストレスの解消にもつながる。

　したがって、"心の安定"を図るためにも、効果的にスポーツを行うことが望ましいと言える。ストレスの多い現代社会では、なおさらであろう。

⑤一生、スポーツと付き合っていく

　効果的にスポーツを行うということは、「スポーツを実践した結果として、予想された通りの変化が身体に現れた」ということを意味する。

　オリンピックやプロスポーツ選手らは、「限定」された期間に「厳しい」トレーニングを課して、身体に大きな負荷をかけて、形態と機能を向上させていくことが求められるのだが、一般の人々も、日常生活における習慣の一つとして、身体を動かすという「運動習慣」を組み入れたいものである。1日24時間の中で、1時間でも身体を動かすと良いだろう。

　勝敗にこだわらない楽しいスポーツを実践することは、心の"ビタミン剤"になるはずだ。

第3章
身体をつくる

1. スタミナのある身体

①スタミナと健康体力

　スタミナとは、肺、心臓、筋肉などのすべての機能を総合した指標（持久力）のことである。肺での換気量、心臓の心拍出量、筋肉での酸素摂取量がすべて最大になったとき、酸素摂取量が最大（最大酸素摂取量）になる（**図3-1**）。身体に酸素を取り込めるほど、最大酸素摂取量の能力が優れていることになり、有酸素運動能力が高くなる。

　有酸素運動能力は、運動中にどれだけの酸素を空気中から身体に取り込むことができるか、で決まる。空気中の酸素は、肺に入って血液の中に取り込まれ、心臓が血液を全身の筋肉に送り出す。筋肉では、送られてきた

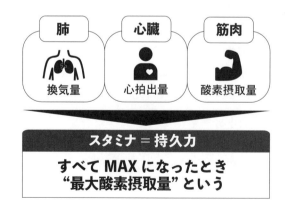

(杉浦)

図3-1　有酸素運動と最大酸素摂取量

大量の血液から効率良く、できる限り多くの酸素を取り込む、という働きが行われる。

　スタミナがあると、酸素を身体に充分に取り込めるため、日常生活の活動レベルで"バテる"ことがほとんどない。また運動をしていても、多くの場面で"楽"にこなすことができる。しかし、逆にスタミナがないと、身体に酸素を充分に取り込めないため、日常生活レベルの活動であっても、"息切れ"する。

　したがって、日常生活においても、スタミナがあるに越したことはない。

②有酸素運動と無酸素運動

　有酸素運動は、健康や体力の維持・向上に重要な役割を果たす肺、心臓、筋肉などの機能に適度な刺激を与え、最大酸素摂取量の能力を高めることを促す。健康・体力づくりの目的の一つは、最大酸素摂取能力を高めること、すなわちスタミナの向上にあると言って良い。有酸素運動では、空気中にある酸素を使ってエネルギーをつくり出し、筋肉（身体）を動かしている。その運動中、筋肉や肝臓に蓄えられているグリコーゲンや皮下や内臓にある脂肪がエネルギーとして使われ、最終的に二酸化炭素と水に分解される。酸素の供給が充分で、脂肪がグリコーゲンよりも優先的にエネルギー源として使われるようになると、運動を長く続けることができる。その代表が、リズミカルに筋肉を使い、体内に絶えず酸素を取り入れ続ける長時間のウォーキング、ジョギング、サイクリングなどである。

　一方、無酸素運動とは、運動中に酸素が充分に供給されない運動である。このときは、筋肉や肝臓に蓄えられているグリコーゲンがエネルギーとして使われる。その結果、乳酸が筋肉中に蓄積される。そして、グリコーゲンが枯渇すると、思うように身体が動かなくなる。瞬間的に大きな力を発揮して、短時間で行われる筋力トレーニング、ダッシュなどが代表的な無酸素運動である。

　実際にスポーツを行っていると、両方の運動（有酸素・無酸素）が程度の差こそあれ、複雑に関連し合っていることが多い。運動の内容（強度や

時間）によって、エネルギー源となる脂肪やグリコーゲンが交替で使われることになる。比較的低負荷で長時間にわたって身体を動かすことは、有酸素運動になる。有酸素運動による健康体力づくりでは、心肺機能（持久力：スタミナ）を向上させることができ、身体にある脂肪の燃焼をコントロールすることが可能になる（**図3-2**）。

③スタミナをアップする有酸素運動

　健康体力づくりのためにスタミナをアップする運動は、個々に応じた種目・強度・時間・頻度を設定することが必要になる。やみくもに運動すれば良い、というわけではない。

　スタミナづくりの目的に適している種目は、肺、心臓、筋肉に適度な刺激があり、酸素を充分に供給し、代謝活動をスムーズにする有酸素系の運動である。有酸素運動の中でも、リズミカルに全身を動かすウォーキング、スイミング、サイクリングなどは、比較的体力のない人や初心者には最適な種目と言える。一方、体力のある人や経験者には、有酸素運動が多く含まれていて、やっていて楽しいという特徴があるテニスやゴルフなどの球技が適しているだろう。

　運動強度は、個人（年齢・体力）によって多少異なる。その人の持って

有酸素運動と無酸素運動の違い

（杉浦）

図3-2　有酸素運動と無酸素運動

いる最大酸素摂取量の40%〜70%の範囲が、スタミナづくりに適している。個人の運動強度を正確に知るためには、特別な機器（運動負荷装置、呼気ガス分析装置、心電図記録装置など）を用いて、最大酸素摂取量を測定しなければならない。

　しかし測定には、それらの機器の取り扱いに精通した複数の測定者が必要となる。また測定中には、被験者に極めて高い負荷（最大レベル）を課すことにもなり、安全上の問題も残る。このため、最大酸素摂取量を測定しなくても、個々の運動強度を推定できるよう、以下のような方法が考案されている。

④運動強度を測定する方法

■心拍数で推定する方法

　一つは、心拍数によって推定する方法である。

　心拍数は、酸素摂取量と密接な関係があり、運動強度に対してほぼ比例して増加する。したがって運動強度は、心拍数から知ることができる。最大酸素摂取量の40%〜70%の強度は、最高心拍数の予備量（最高心拍数から安静時心拍数を引いた値：心臓の余裕力）の40%〜70%に相当する心拍数にほぼ一致する。つまり、その心拍数のレベル値【安静時心拍数＋（最高心拍数−安静時心拍数）×0.4〜0.7】が、スタミナづくりに適した範囲（40%〜70%）となる（**図3-3**）。

■主観的な運動強度で推定する方法

　もう一つは、主観的な運動強度によって判断する方法である（**図3-4**）。

　行っている運動がきついか、楽かを判断し、その主観的運動強度を数量化していく。そして、その運動強度が有酸素能力（最大酸素摂取量）の何%に相当するかを判定する。個人差（経験者か、初心者か）が生じやすいが、最大酸素摂取量の40%〜70%の強度は、「非常に楽である」から「きつい」の範囲となる。しかしこの方法は、運動経験の浅い人に向かない。なぜなら彼らの多くは、最大レベルの負荷による運動経験がないに等しいため、自らによって主観的な運動強度を推し量ることがむずかしいからである。

運動強度の求め方

【客観的強度（心拍数）】

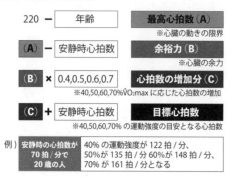

（カルボーネン法：karvonen formulaをもとに杉浦作成）

図3-3　運動強度の求め方（客観的強度：心拍数）

運動強度の求め方

【主観的強度（感覚）】

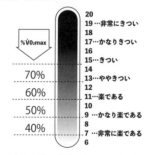

（ボルグの主観的運動強度：Brog scaleをもとに杉浦作成）

図3-4　運動強度の求め方（主観的強度：感覚）

　運動強度の設定には、十分に注意を払わなければならない。高齢者や肥満の人は40％、運動不足気味の人は40％〜50％、定期的に運動を継続している人は50％〜60％が、それぞれに適切な運動強度の目安になるだろう。また、体力のある人やさらなる体力の向上を目指している人は、60％〜70％の範囲で運動を行うと良いかもしれない。いずれにしても、個々の実

情に応じて、運動強度を調整しなければならない。

■運動時間と運動頻度

　運動時間は、運動強度との兼ね合いによって決まる。簡単に言えば、運動強度が低ければ運動時間は長く、逆に、運動強度が高ければ運動時間は短くて良い。

　具体的には、運動強度が40%、50%、60%、70%のとき、運動時間は40分～50分、30分～40分、20分～30分、10分～20分がそれぞれ目安となる。しかし、有酸素能力を高めようとするのであれば、30分以上の運動時間を確保したほうが良いだろう。

　一方、運動強度を高く（70%）して、運動時間（10分～20分）を短くすることは、多くの人にとって、安全性の問題（けがや故障のリスク）や効果の観点から、必ずしも好ましくはない。望ましいのは、おおむね運動強度を低く（60%以下）して、30分以上の運動時間を確保することである。30分以上継続的に有酸素運動ができれば、体内にある脂肪はエネルギーとして積極的に使われる。しかし、もちろん運動強度を高く（70%）しても、身体のコンディションを損なわず、酸素を充分に供給できる有酸素運動ができるのであれば、それに越したことはない。

　運動頻度は、1週間を1タームとして計画すると良い。目安としては、1週間に3日以上の頻度で運動を行うと、その効果が現れる（**図3-5**）。さらに4日、5日となると、その効果は増大、絶大となる。逆に、1週間に2日の運動では、効果は今一つで、さらに1日の場合、その効果はほとんど期待できない上に、かえって、けがの原因にもなりかねない。

　いずれにせよ、個々の体調や体力レベルを考慮して、日常生活の中に運動を習慣化していくことが重要である。

④スタミナのある身体がもたらす効果──生活習慣病予防の効果も

　体脂肪の中でも内臓脂肪は、健康にさまざまな悪影響を及ぼす。

　内臓脂肪が蓄積（肥満）すると、「アディポサイトカイン」と総称される生理活性物質が異常分泌する。その結果、血糖や血圧を上げたり、脂質の

運動頻度の目安

図3-5　運動頻度の目安

異常を引き起こしたりし、動脈硬化を発症・進行させる。動脈硬化は、重篤な疾病の発症リスクを高めることになる。

　有酸素運動は、エネルギー源として体脂肪を使い燃焼させるため、この内臓脂肪を減少させる。内臓脂肪量の減少は、高血糖、高血圧、脂質異常、動脈硬化の予防・改善につながる。循環器・代謝系活動をスムーズにし、スタミナのある身体づくりができる有酸素運動は、生活習慣病（循環器系・代謝系）を予防・改善する効果が認められている。

　「肥満は万病のもと」、あるいは「肥満に長寿は望めない」と言われるが、これは、肥満がさまざまな病気を引き起こす要因となっているからである。1980年代まで一般人の健康・体力づくりにおいては、有酸素運動で呼吸器と循環器を改善していくことにターゲットが絞られてきた。その歴史が示すように、第一義的な健康体力づくりが有酸素運動であることに異論はないだろう。

2. 力強い身体

①力強さと健康体力

　20歳代で筋力・筋持久力の衰えを自覚することは、あまりない。しかし、

30歳代の半ば頃から、ほとんどの人がはっきりと筋力・筋持久力の衰えを自覚することになる。

　そしてこの衰えは、高齢になればなるほど、顕著に現れてくる。そのまま何もせずに放っておくと、加齢に伴う筋力低下による転倒や骨折、自立不能といった深刻な問題を引き起こしかねない。

　加齢に伴い、筋力は低下する。これは、筋肉自体が萎縮するからである。萎縮の程度は、全身の筋肉で一様ではなく、部位によって異なる。筋の萎縮によって筋力が低下すれば、日常生活に支障を来すだけなく、障害（腰痛に代表される特定の部位の慢性的な痛み）を引き起こすリスクも、大きくなっていく。

　筋断面積は、身体筋量の指標となり得る。筋断面積は20歳頃にピークに達し、その後、加齢とともに減少していく（**図3-6**）。筋の萎縮の程度が大きい筋肉は、大腿前部（大腿四頭筋）と体幹部（腹筋・背筋）の筋群である。大腿四頭筋の筋力低下は、自力で立てなくなったり、腿が上がらず、すり足になることによって、転倒する危険性が増すことになる。また、腹筋・背筋の力の低下は、姿勢の維持を困難にし、腰痛の発生要因にもなる。大腿四頭筋も腹筋・背筋のいずれも、重力に逆らって運動したり、姿勢を維持したりするために必要な（抗重力）筋群である。

　健康・体力づくりでは、日常生活でよく使われる筋群（脚および体幹）の機能向上が重要になる。

②中高齢者などに有効なレジスタンストレーニング

　レジスタンストレーニングとは、筋肉に負荷となる抵抗（レジスタンス）をかけて、筋力や筋持久力を高めようとするトレーニング（方法）の総称である。種目としては、懸垂などの自重トレーニングやチューブトレーニング、マシントレーニング、フリーウエイトなどがそれに当たる。近年、筋肉に負荷をかける方法が多様化してきたので、これらのトレーニングを包括する呼称として「レジスタンストレーニング」という言葉がとくにスポーツ科学者の中で用いられるようになったが、一般人には筋力トレーニ

筋機能は衰える…その前に必要なことは !?

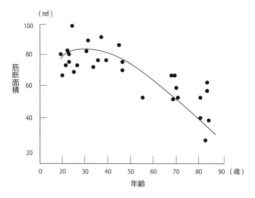

（山田・福永 1997
「筋肉ー筋肉の構造・役割と筋出力のメカニズム」湯浅影元 1998 山海堂をもとに杉浦作成）
図3-6　加齢による筋断面積の変化

ングあるいはウエイトトレーニングとしたほうが理解しやすいだろう。

　筋肉は、外部からの力学的ストレス（負荷量）に対して反応し、その形
態や機能が変化する組織である。ストレスを与えると、筋肉は肥大し、代
謝活動が活性化して、機能（力・持久力）が向上する。逆にストレスを与
えない（トレーニングをしない）と、筋肉が萎縮し、代謝活動が活性化せ
ず、筋力・筋持久力の機能は低下する。

　一般的には、筋力は高負荷×少回数のストレスによって、筋持久力は低
負荷×多回数のストレスによって、それぞれ向上する。つまり、ストレス
の組み合わせ（高負荷×少回数あるいは低負荷×多回数）の違いによって、
筋機能（力・持久力）に及ぼす効果が異なる。

　しかし、中高齢者や低体力者では、たとえ低負荷×多回数であっても、
筋力の向上が期待できる。一般人や高齢者でも、適切なレジスタンスト
レーニングを行えば、筋機能を向上させることができるのである。

③筋肉を強くするレジスタンストレーニング

　健康体力づくりのために筋肉を強くするトレーニングは、個々に応じた種目・強度・時間・頻度を設定することが必要になる。もちろん、局所的（特定の筋肉）に負荷をかけるので、傷害の発生についてもリスクマネジメントする必要がある。

(1) 種目（方法）
　用いる負荷は、自分の体重（自重）、ゴムチューブの弾力性、プレート、バーベルやダンベルなどの重量物（ウエイト）である。
　具体的な方法としては、自重トレーニング、チューブトレーニング、マシントレーニング、ウエイトトレーニングによって、身体の表面に位置する筋肉（表層筋：アウターマッスル）に負荷をかける。

(2) 負荷（重量）
　強度は、一般的にその身体部位にかける「負荷の重量」で示される。その基準（単位）となるのが、「RM：Repetition Maximum（最大反復回数）」である。すなわち、その負荷（重量）を最大で何回上げることができるか、という意味である。
　1RMは、1回しか上げることのできない重量のことで、その人にとっての最大負荷重量（最大筋力）を意味する。ちなみに、5RMは5回だけ上げることのできる重量を、10RMは10回だけ上げることのできる重量を、それぞれ意味する。つまり、（RMの前の）数字が大きければ大きいほど、負荷重量は軽くなる（**図3-7**）。
　一般人の場合、「非常に重い」あるいは「かなり重い」と感じる最大筋力の80％を超える負荷は、ほとんど必要ない。なぜなら、アスリートとは異なり、一般人の場合は日常生活の中で極めて大きな力を必要とすることがなく、日々の生活に支障のないレベルでの筋力・筋持久力があれば良いからである。
　したがって、一般人・高齢者向けの最適な強度は、「やや重い」から「重

い」と感じる重量の70〜80％までのレベルで8〜15回連続して挙げることのできる負荷（8〜15RM）が良い。また、高齢者では安全性を考慮して、15RMを超えない負荷重量が望ましい。

（3）セット数（回数）

セット数は、強度（負荷重量）との組み合わせによって決まる。大雑把に言えば、負荷重量が高ければセット数が減って、逆に負荷重量が低ければセット数が増えることになる。

レジスタンストレーニングでは、負荷重量×セット数がその種目のトレーニング量を表すことになる。しかし、一般人・高齢者では、1セットでもトレーニング量が少な過ぎるということはない。トレーニングによって体力（筋力）が向上し、2〜3セットを行うことができるようになれば、理想的である。個々の体力レベルに応じて、トレーニング量を調節していくことが望ましい。

（4）頻度

レジスタンストレーニングを実践すると、筋（線維）が微小な断裂を起

負荷重量の設定【負荷と回数の関係】

負荷 (1RMに対する割合)	回数 （反復）	主観的強度 （感覚）	
100%	1	非常に重い…	競技スポーツ
90%	4	かなり重い…	（パフォーマンス向上）
80%	8	重い…	
70%	12〜15	やや重い…	健康スポーツ
60%	20〜25	軽い…	（健康体力づくり）
50%	30〜	非常に軽い…	

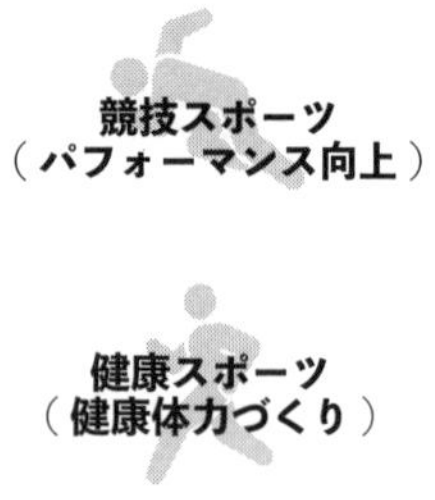

（杉浦）

図3-7　負荷重量の目安

こし、これを修復するために通常48～72時間を必要とする。この間、栄養や休養などの条件が良ければ、筋肉はトレーニング前より高いレベルまで回復する（超回復）。理論的には、この一連の流れに応じて、次のトレーニングを実施していくことが望ましい。

　回復の時間は、トレーニングの強度、部位、あるいは個人差によって異なるが、一般人のレジスタンストレーニングは、1週間に2日程度実施できれば充分であろう。

④ワンランク上の身体づくりを目指すインナーマッスルトレーニング

　表層にあるアウターマッスルに対し、インナーマッスルは、身体の深部にある深層筋である。インナーマッスルは、体幹部のみならず、上肢・下肢にも存在する。アウターマッスルを身体を動かすためのメインエンジンと例えるなら、インナーマッスルはその姿勢・動作を安定させるための補助エンジンと言って良い。

　一方、アウターマッスルは、表層にあり、比較的大きく、身体を動かすときに力を発揮する。そのため、筋肉量の減少やそれに伴う筋力の低下を自覚しやすい。これに対して、インナーマッスルは、深層にあり、小さく、動作や姿勢の補助的な役割を果たすので、その存在を意識することがむずかしい。

　身体の大きな（粗い）動きはアウターマッスルによって、小さな（細かい）動きはインナーマッスルによって、それぞれコントロールされている（**図3-8**）。それぞれの筋肉が役割を持って、適切なタイミングで働くことで、姿勢・動作は安定し、力が効率良く発揮されるようになる。併せて、このことが、けがや故障の予防にも役立つ。

　インナーマッスルトレーニングは、小さな深層の筋肉がターゲットになるため、正しい動作・姿勢で行うことが、ことさらに重要となる。異なる動作・姿勢で行われると、ターゲットとなるインナーマッスルが活動しないことがある。このトレーニングでは、あえて不安定な姿勢・動作を試みて、インナーマッスルを使えるようにする。

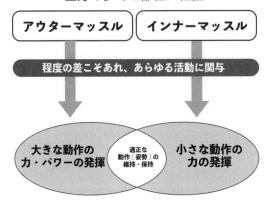

図3-8　アウターマッスルとインナーマッスル

　日常生活でインナーマッスルを上手に使える人は多くない。身体の多く
の部位の慢性的な痛みに悩まされるのは、インナーマッスルを使えていな
いことにも要因がある。

⑤日常生活を快適に過ごすためのレジスタンストレーニング

　かつてのレジスタンストレーニングは、その対象の多くがアスリートで
あり、その目的は基礎体力の向上にあった。事実、筋力・筋持久力を高め
ようとするトレーニングを一般人が日常的に実践している姿は、稀であっ
た。一般人にレジスタンストレーニングが健康・体力づくりとしての手段
として用いられることはなく、もっぱらスポーツ傷害によるリハビリテー
ションにその価値が見い出されていた。

　しかし1990年代になると、筋肉を動かし、筋力・筋持久力をつけて、筋
の衰えを予防し、身体を良好な状態に保ち、日常生活を快適に過ごす目的
でのレジスタンストレーニングが注目されるようになった。

　アスリートの隆々たる筋肉づくりを目指すのではなく、老若男女がそれ

ぞれの年齢ステージで良好な健康状態を保つためには、日常生活に必要な
バランスの良い筋肉をつけていくことが重要である。レジスタンストレー
ニングは、骨量の維持・生活習慣病（筋・骨系の疾患）の予防などに効果
が認められている。

3. しなやかな身体

①柔軟性と健康体力

　柔軟性とは、「関節の可動域」と捉えられる。関節の可動域とは、関節が
動く範囲（領域）を意味する。関節の可動域は、関節を構成する骨の構造
と関節をまたぐ軟部組織（筋、腱、靭帯など）の伸張性によって決まる。身
体（関節）がしなやかに動く能力（可動性）は、日常での生活動作に深く
関係する。
　関節の可動域が大きいと、生活動作は楽にこなせて、運動（スポーツ）
動作もスムーズにできる。一方、関節の可動域が小さくなると、動きにく
くなる。現代生活では長時間、同じ姿勢のままでいたり、同じ動作を繰り
返したりするので、特定部位の筋肉が過緊張になり、弾性が失われる。と
きには、衣服や靴の着脱が困難になることもある。また、歩くあるいは走・
跳・投などのスポーツ動作で、関節や筋肉に負担がかかり、それによるけ
がや故障を招くこともある。
　日常生活に支障を来さないためには、柔軟性の能力が重要となる。柔軟
性は、全身持久力、筋力・筋持久力、身体組成（筋肉、脂肪、骨、水）と
比べると、軽んじられる傾向にあるが、健康体力の一要素として欠かせな
いものである。

②ストレッチングとは?

　ヒトは、スポーツをしている最中や終わった後で、無意識に身体（筋肉）

を大きく伸ばそうとする。また日常生活でも、同じ姿勢を続けていたり、長時間動いていたりすると、自然に大きく伸びをしようとする。身体を伸ばそうとする行為は、筋肉が力を発揮しようと収縮し続けていたことへの反作用と考えられる。筋肉は、収縮する（縮む）ことでしか力を発揮できない。筋肉自らが伸びていくということはない。そのため、われわれは、本能的に筋肉を伸ばしてやることが、身体（筋肉）に良い効果をもたらすことを知っているのだろう。

　関節を構成する骨の構造は、変えられない。しかし、関節にまたがる筋、腱、靭帯などの軟部組織の伸張性は、ストレッチングによって高めることができる。ただし、腱と靭帯は強靭であり、筋ほど弾性がないことに注意が必要だ。ストレッチングは、目的を持ち、合理的な手法を用いて、筋肉もしくは腱を伸ばしていく行為であり、これを行う主な目的は、筋や腱を伸ばし、関節の可動域（動く範囲）を広げ、柔軟性の向上を図ることにある。ただし、靭帯が伸ばされると、関節が不安定になり、傷害を誘発しかねないので、注意が必要である。

　ストレッチングの基本は、「反動をつけずにゆっくりと筋肉を伸ばす」ことにある。

　なぜ、反動をつけて、急激に筋肉を伸ばしてはいけないのだろうか。それは、筋肉が持つ反射活動の働きにある。筋肉は、急激に引っ張られると、反射的に短縮する。そして筋肉には、筋が伸びる速度と筋の伸びる長さを感知する感覚器（筋紡錘）がある。筋肉が急激に著しく伸びるとその感覚器が反応し、その情報（信号）は感覚神経を通じて脊髄に送られる。脊髄に送られてきた信号はその後、運動神経を伝わって、伸ばされた筋肉に戻され、その筋肉を直ちに収縮させようとする。これが、「伸張反射」と言われるメカニズムである。このメカニズムは、筋肉が過度に伸ばされて損傷しないための生体の防御機構とも言える（**図3-9**）。

　安静時に、「筋肉が急激に引っ張られて、短縮する（伸張反射）」活動は、身体（筋肉）には好ましくない。反動をつけて瞬間的に強く筋肉を伸ばす方法を繰り返せば、筋や腱などを損傷してしまうことがある。それを防ぐため、柔軟性を向上させる常識的な行為として実践されているのが、スト

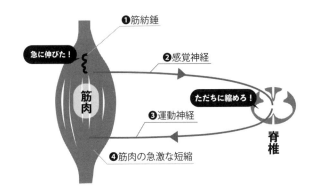

急激に筋肉を伸ばすと…

❶ 筋紡錘

急に伸びた！

❷ 感覚神経

筋肉

ただちに縮めろ！

❸ 運動神経

脊椎

❹ 筋肉の急激な短縮

(杉浦)

図3-9　伸張反射のメカニズム

レッチングである。

　したがってストレッチングでは、筋肉をゆっくりと伸ばし、痛いと感じる手前で止めて、その姿勢を10～30秒ほど保持することが基本となる。

③静的ストレッチングと動的ストレッチング

　ストレッチングには、反動をつけずにゆっくりと筋肉を伸ばし、決められた姿勢を保持する方法と、反動をつけずにゆるやかに関節を動かしながら筋肉を伸ばす方法がある。

　前者は、一般的に広く普及しているストレッチングであり、動きを静止させて筋肉を伸ばしているので「静的ストレッチング」という。これに対して後者は、動きながら筋肉を伸ばしているので「動的ストレッチング」という。

　サッカー選手がウォーミングアップの中で良く行っている「ブラジル体操（軽く動きながら、リズム良く脚や腕を回したり、開いたりする）」は、動的ストレッチングの代表的な方法である。しかし、一般人のわれわれには馴染みのない方法である。

■静的ストレッチング

　静的ストレッチングで、筋のみならず腱を伸ばし過ぎると、（腱）組織が脆弱になる（弛緩性が高くなる）。そのような状態にある腱は、蓄えた弾性エネルギーを効率良く筋肉に伝えることがむずかしくなる。いわば、筋肉が動きにくい（not readyの状態）。その結果、筋肉の発揮する出力が小さくなってしまう。

　運動前の静的ストレッチングがパフォーマンスを低下させるという報告は、多い。身体（筋肉）をreadyの状態に整えておくことは、より高いパフォーマンスの発揮のみならず、傷害発生の予防にもつながる可能性がある。ちなみに、寒冷環境での静的ストレッチングは、身体を動かして温まった筋肉を冷やすことにもなりかねないので、実施には注意してほしい。

　静的ストレッチングは、運動後のクーリングダウンで採り入れることが望ましい。クーリングダウンは、使った筋肉をほぐし、疲労回復を促し、リラクゼーションを図るために行われるもので、静的ストレッチングを採り入れることは非常に有効である。同様な観点から、入浴後や就寝前に行う静的ストレッチングも習慣にしたい。

　静的ストレッチングでは、決められた姿勢を一定時間保持し、筋肉・腱を充分に伸長させる。一方、動的ストレッチングは、ある姿勢から次の姿勢までゆっくり動きながら、筋肉・腱を適度に伸長させる。前者は時間（秒）で、後者は回数（本）や距離（m）で、筋・腱を目的に応じて伸長させるさまざまなメニューが組まれている。

■動的ストレッチング

　動的ストレッチングは、静的ストレッチングほど、筋肉が伸ばされている感覚がない。

　しかし、伸長反射を起こさないように筋肉をリラックスさせて、緩やかに伸長させるため、柔軟性の向上が確保される。また、実施するスポーツ種目に必要となる動きを模倣して筋肉を動かしていくことから、神経・筋系の働きを同時に高めることができる。結果、高いパフォーマンスを発揮しやすい（readyの状態：動きやすい）コンディションが整うことになる。

　動きを静止させて決められた姿勢で筋肉を伸ばす静的ストレッチングで

ストレッチング

動的ストレッチングの優位	静的ストレッチングの劣位
・神経・筋系を**活性化** ・腱を**脆弱化**させない ・パフォーマンス**向上** ・筋（体）温の維持	・腱の**脆弱化**（弾性力の低下） ・パフォーマンス**低下** ・筋（体）温を維持しにくい

（杉浦）

図3-10　動的ストレッチの優位性と静的ストレッチの劣位性

は、充分に良好なコンディションを整えることはむずかしい。したがって、運動前のウォーミングアップでは、静的ストレッチングよりも、動的ストレッチングを積極的に用いたほうが良い（**図3-10**）。

　ストレッチングは、個々の目的に応じて、静的ストレッチングか、動的ストレッチングかを選択し、実践していくことが望ましい。いずれも、反動をつけて行うのは禁物である。

④けが・故障とストレッチングを考える

　スポーツの現場でストレッチングを実践するのには、いくつかの理由がある。

　けがや故障を予防するというのも、その一つである。身体は、筋肉が収縮することによって動く。長時間にわたって収縮を繰り返していたり使い過ぎたりすると、筋肉はもとの長さに戻る性質（弾性）が失われ、硬くなったりする。その状態でさらに大きな力を発揮しようとすると、筋や腱などを痛めてしまうことがある。そこで、ストレッチングを行って、筋や腱の伸張性を増加させ、関節の可動域を広げるのだ。

　関節の可動域が広がれば、柔軟性が向上し、けがや故障を予防することができると考えられている。

　実際、スポーツの現場では、けがや故障を予防するという目的で、スト

レッチングが実践されている。ストレッチングを行えば、柔軟性が向上するということは間違いのない事実である。しかし、柔軟性の向上とけが・故障の発生の有無には、必ずしも明確な関係が存在するわけではない。つまり、ストレッチングを行えば、けがや故障がなくなる、という確固たるエビデンスは存在しないのである。

けがや故障の予防に対するストレッチングの有効性や方法については、経験則によるところが大きく、現状では科学的な裏づけはなされていないが、確かなことは、けがや故障の予防のためにストレッチングを実践していくことは、決してマイナスにはならないということである。

ただし、けがや故障の予防対策であるストレッチングを過信し過ぎてはならない。

⑤日常生活の中でも、ストレッチングを上手に活用する

有酸素運動で「スタミナ」を、レジスタンストレーニングで「力強さ」を向上させる。さらに身体に「しなやかさ」を与えることにより、得られたトレーニング効果（持久力・筋力のアップ）を日常生活の中で活用していくことができるだろう。

筋肉に何のケアもしないと、筋肉は弾性を失い、結果として、痛みやコリ、疲労感を感じるようになる。また、関節の可動域が小さいと、動きの幅も小さくなり、バランスを崩しやすく、転倒するリスクも高くなる。日常生活の中で筋の緊張を生じやすい部位を定期的にストレッチングして、一定の柔軟性を保つことは、健康を維持していく上でも有効な手段となり得るはずだ。

第4章

身体を整える

1. 骨・筋肉——女性の「やせすぎ」にご用心

①骨・筋肉と健康体力

　骨は、身体を支えたり、内臓を保護したり、カルシウムを蓄えたりする。また筋肉は、力を発生し、運動の源（運動の発動）になったり、エネルギーを使って熱を発する（熱の産出）。

　骨・筋肉は、強健なアスリートだけでなく、われわれ一般人にも必要不可欠な運動器（身体を支え、動かす骨・関節・靭帯、脊椎・脊髄、筋肉・腱、末梢神経などの総称）の一部である。骨や筋肉は、姿勢を維持したり、立つ、歩くなどのさまざまな日常生活動作を行うための重要な役割を果たしており、骨の密度や筋肉の量が果たす機能は、健康に深く関連している。骨（関節）、筋肉など運動器が衰えると、活発さが徐々に失われ、日常生活に支障を来し、ついには「要介護」になってしまう可能性がある。

　骨密度とは、単位体積あたりの骨量であり、カルシウムやマグネシウムなどのミネラルの含有量で決まる。骨は、常に骨代謝を繰り返してカルシウムを供給し、新しい骨をつくり出している。成長期には、一定サイクルで骨をつくる「骨形成」（骨芽細胞）と、骨をこわす「骨吸収」（破骨細胞）の二つが交互に働き、骨が生まれ変わる（**図4-1**）。

　「骨をつくること」が優位で「骨をこわすこと」が劣位であると、骨密度は高くなる。しかし、骨吸収が優位で、骨形成が劣位になってしまうと、骨密度が低くなり、骨が粗鬆してしまう。とくに女性は、男性より骨密度が低く、更年期（閉経）を迎えると、骨をつくる女性ホルモン（エストロゲン）の分泌が減少し、それまで保たれていた骨代謝のバランスが崩れて、骨密度が低くなる。骨密度は、20歳前後がピークである。骨密度はその後、

骨はリモデリングを繰り返す

◆骨は、「リモデリング」を繰り返す

◆「リモデリング」には、
ホルモン、ビタミン、ミネラル（カルシウム）、運動が影響を及ぼす

◆骨を壊す働きをする「**破骨細胞**」が
骨を吸収する → **骨吸収**

◆骨を作る働きをする「**骨芽細胞**」が
破骨細胞によって吸収された部分に
新しい骨をつくる → **骨形成**

（杉浦）

図4-1　骨代謝（リモデリング）

加齢とともに低くなっていく。密度が低くなった骨は、折れやすく、また形成しにくい。

　一方、筋肉量は、筋肉を構成するたんぱく質の代謝（合成と分解）によって決まる。筋肉量は、その合成が多ければ増え、分解が多ければ減る。生後間もない頃では、筋肉量が少ないので、立つことも歩くこともできない。一つの筋肉は、数多くの筋線維が束になって形成されている。成長期にかけて、筋線維一本一本が太く、長くなって、筋肉量が増えていく。適切な筋肉量があると、さまざまな生活動作に支障を来すことなく、日常が活動的になる。また、代謝活動がより活発になることで基礎代謝量が上がり、太りにくくなる。筋肉量は、20歳前後がピークで、加齢に伴う筋線維の萎縮と筋線維数の減少によって、確実に低下していく。

②骨密度の低下・筋肉量の減少と生活習慣病や要介護との関係

　骨密度が低下（骨粗鬆症）し、筋肉量が減る（サルコペニア）と、さまざまな日常生活動作が困難になっていく。骨（関節）、筋肉など運動器の衰えが原因で、立つ、歩くなどの移動機能が低下（ロコモティブシンドローム）すると、寝たきりになってしまう可能性もある（**図4-2**）。また、不活

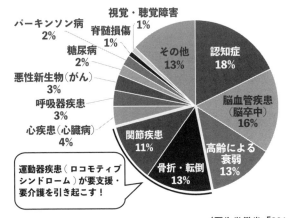

運動器疾患 (ロコモティブシンドローム) と要介護

- 視覚・聴覚障害 1%
- パーキンソン病 2%
- 脊髄損傷 1%
- 糖尿病 2%
- 悪性新生物（がん）3%
- 呼吸器疾患 3%
- 心疾患（心臓病）4%
- その他 13%
- 認知症 18%
- 脳血管疾患（脳卒中）16%
- 高齢による衰弱 13%
- 関節疾患 11%
- 骨折・転倒 13%

運動器疾患（ロコモティブシンドローム）が要支援・要介護を引き起こす！

（厚生労働省「2019年国民生活基礎調査」
要介護度別に見た介護が必要になった主な原因の構成割合をもとに作成）

図4-2　要介護の要因となる運動器疾患（ロコモティブシンドローム）

動になるので、重篤な疾病を併発するリスクも高くなる。とくに女性は、男性と比較して、生得的に骨密度・筋肉量がともに低いため、骨・筋系の疾患であるロコモティブシンドロームに注意しなければならない。

適切な運動（骨の長軸に対してメカニカルな刺激が加わるウォーキングやジョギング、ジャンプ動作など）と、バランスの良い食事（たんぱく質、カルシウム、ビタミンなどを意識して摂取）は、成長期（〜20歳）における骨・筋肉の成育を助長し、それ以降（20歳〜）の骨密度と筋肉量の減少を緩やかにする役割を果たす。

しかし近年、食べない20歳代女性の「やせすぎ」が増加している。その多くは、低カロリー状態にあり、活動（運動）量も少ない。女性のやせすぎは、深刻な社会問題にもなっている。とくに日本女性は、やせ願望が世界と比べて強い傾向にある。体形についての正しい認識の不足、「やせているほうが美しい」という価値観の過度な普及、氾濫するさまざまなダイエット情報などが、女性のやせすぎの問題に大きな影響を及ぼしている。やせすぎは、美しくない。すでに、ファッション文化の中心であるヨーロッパでは、「やせすぎモデル」の起用規制が2000年頃から始まっており、

日本はそれに逆行している印象だ。

　実際、わが国においては、BMIが18.5未満のやせの20歳代女性の割合が20％を超える。当然のことながら、その栄養状態も良くない。2000年以降、1日の総摂取カロリー量は、1600kalにまで落ち込んでいる。この値は、食糧難だった戦後間もない頃の同世代女性の総摂取カロリー量さえ大きく下回る。この傾向は、とくに20〜30歳代の働く女性で顕著になる。働く女性のやせの割合は28％であり、1日の総摂取カロリー量は1500kalを下回るが、本来、同世代女性に必要な1日の総摂取カロリーは、約2000kalである。ちなみに、摂取カロリー不足の主な原因は、「朝食を摂らない」ことである。

　低カロリー状態になると、「カロリーの消費を抑えようと筋肉量が減り、全身のさまざまな代謝活動が鈍くなる。すると、食欲がなくなり、活動量も低下し、筋肉量が減る」という負のスパイラルに陥る（**図4-3**）。

　しかも、これによる身体への悪影響は、将来も続く。若い時代に「やせ」で過ごすと、高齢者になって介護保険の利用料が増える傾向にあるという。

　また、やせた母親から生まれる子どもは、出生時の体重が低くなる傾向がある。実はわが国は、2500グラム未満の低体重児の割合が先進国の中で最も高い10％近くに達しており、深刻な問題となっている。すなわち、低

やせすぎ女性の身体への影響

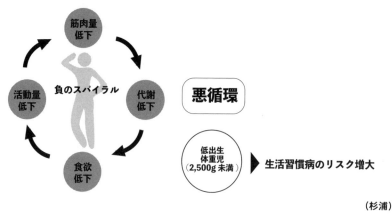

（杉浦）

図4-3　やせすぎの女性はなぜ問題なのか？

体重児は生まれながらに将来のさまざまな生活習慣病のリスクを背負っている可能性が高い、からである（生活習慣病の胎児起源仮説＝Barker仮説）。

③身体を動かす・つくるために必要な栄養素

　口から入れた食べものは、栄養素として、体内で消化・吸収される。糖質（炭水化物）、脂質、たんぱく質は、それぞれ糖質代謝、脂質代謝、たんぱく代謝によって、身体を動かすためのエネルギー源となる。さらに、たんぱく質は、身体をつくる筋肉、骨、内臓や血液になる。そして、これらの代謝活動と身体のさまざまな機能の調整を担うのがビタミンとミネラルである。多くの食品の中からバランス良く、必要な5大栄養素（糖質、脂質、たんぱく質、ビタミン、ミネラル）を摂取することが望ましい（**図4-4**）。

■糖質
　糖質は、消化・吸収されてブドウ糖になる。一部は、グリコーゲンとして筋肉や肝臓に蓄えられ、スポーツをするときのエネルギー源となる。糖質の特徴は、ほかの栄養素よりも、エネルギー源として素早く利用できることにある。

■脂質
　脂質は、エネルギー源として、皮下や内臓に脂肪として貯えられている。持久的な運動を開始した直後は、糖質がエネルギー源として使われる。しかし、20〜30分経過すると、脂質が優先的に供給されるようになる。脂質

身体を動かす・つくるための栄養素

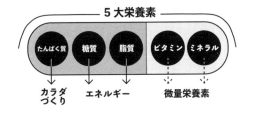

（杉浦）

図4-4　5大栄養素

運動に不可欠なグリコーゲンと脂質

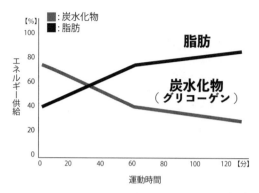

（エドワード・フォックス
「選手とコーチのためのスポーツ生理学」朝比奈一男監訳 渡部和彦訳 大修館書店をもとに杉浦
作成）

図4-5　運動に必要なエネルギー供給源

は、持久的な運動を継続していくためのエネルギー源として、重要な役割
を果たしている（**図4-5**）。

■たんぱく質

　たんぱく質は、体内でアミノ酸に分解され、肝臓に貯えられる。一部は、
身体を動かすためのエネルギー源となるが、多くは筋肉や骨などの身体づ
くりの"素"となる。たんぱく質は、身体をつくることにおいて、とくに重
要な役割を果たしている。

■ビタミン、ミネラル

　ビタミンとミネラルは、さまざまな食品が供給源となる。これらは、微
量栄養素と言われ、必要量はわずかだが、身体を維持・機能していくため
に欠かせないものである。

　ビタミンには、A、B、C、D、Eなどがある。そのなかでも、ビタミンB
は、糖質、脂質、たんぱく質の代謝活動やより質の高い身体づくりを助け
る。またビタミンCは、心身のストレスに対して効果的に働く。ビタミンB
やビタミンCは、スポーツをするときにとくに重要な栄養素となる。

　一方、ミネラルには、カルシウム、リン、マグネシウム、カリウム、ナ

トリウム、鉄などがある。骨や歯の主成分となるカルシウムや貧血を予防する鉄分は、日本人の食生活では不足がちになりやすい。

④健康美を目指す

　筋肉や骨などの身体をつくるためのたんぱく質は、「寝る子は育つ」と言われる通り、睡眠中の成長ホルモンの働きによって積極的に合成される。睡眠は、ノンレム（深い眠り）とレム（浅い眠り）の順序でおよそ90分ごとに交互に4〜5回繰り返され、おおむね7〜8時間で終わる。最も深い眠りは、入眠直後の1〜3時間にあり、成長ホルモンの分泌はこのときに最も高まる。睡眠は、疲労を解消させる。のみならず、消化器系の内臓の筋肉は唯一、睡眠によってのみ回復が図られることが明らかになっている。身体を休ませる最善の方法は、睡眠と言って良いだろう（**図4-6**）。

　骨・筋肉のコンディションをより良く維持していくためには、十分な栄養を摂って日中、できれば屋外（日光を浴びて）で身体を動かし、心地良く疲れて、深く眠り、十分な睡眠（休養）時間を確保することが重要になる。骨太で、筋肉量のある均整のとれた身体で、日常生活を快活に過ごすことが大切である。

身体を休める・つくるための睡眠

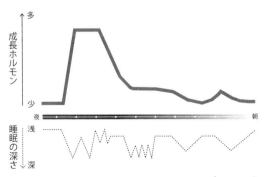

（DementとKletmanを改変）

図4-6　睡眠と成長ホルモンの関係

運動・栄養・休養の三位一体で、美しい身体を目指したい。

2. 脂肪──肥満を考える

①脂肪と健康体力・生命維持

　体脂肪は、ヒトの生存にとって、欠くことができない役割を果たしている。身体の脂肪が果たす第一の役割は、大量のエネルギーの貯蔵にある。身体が正常な働きをするためには、エネルギーが必要になる。脂肪は、糖（炭水化物）やたんぱく質に比べて、多くのエネルギーを貯蔵することができる。これは同時に、筋肉、骨などの重要な身体の構成要素であるたんぱく質の消費を節約する役割も担っている。

　皮下組織にある体脂肪は、放熱をコントロールし、体温を調節する役割がある。また、内臓を保護するためのパッキングのような大切な役割もある。その意味で、皮下脂肪の巧妙なつき具合によって形づくられている女性のボディラインは、そのような機能を果たすための産物と言って良いかもしれない。さらに、一定以上の体脂肪量は、成人女性の月経の正常な発現に重要な役割を果たす。すなわち、体脂肪が少なすぎると、女性ホルモンの活動が抑えられてしまい、月経不順が起りやすくなる。

　一方で、体脂肪量は、一定以上を超えると、生活習慣病の発症要因となる。しかし、体脂肪が少なければ少ないほど良い、という考えは誤っている。適量の体脂肪がヒトの生存に必要な機能を果たし、健康を維持するのに大切な役割を果たしている、ということを忘れてはならない。

②太る要因

　ヒトは、なぜ太るのか。その要因を明らかにすることは、簡単である。

　食べたものは、体内に入り、エネルギーとなる。そして、そのエネルギーは、心臓を動かしたり、呼吸をしたり、体温を保つといった基本的に生き

るための活動エネルギー（基礎代謝量）や、歩く、走るなどの身体運動エネルギー（生活活動量）によって、消費される。食べ過ぎて、摂取エネルギーが消費エネルギーよりも多いとき、あるいは運動が不足して、消費エネルギーが摂取エネルギーよりも少ないときに、体内でエネルギーが余り、それがきっかけとなって太るのである。

　余ったエネルギーは、脂肪となる。そして脂肪は、貯蔵効率の良い脂肪細胞の中に蓄積される。脂肪細胞は、脂肪を蓄えて膨張する。つまり、余分なエネルギーが脂肪細胞の中に次々と蓄えられていくのである。ちなみに、太るということは、一つひとつの脂肪細胞が大きくなっていくということであり、その数が増えていくわけではない（**図4-7**）。

　この脂肪細胞の数が著しく増える機会は、胎児期、乳幼児期、思春期前期と決まっていて、成人になるとその数の増加はあまり見られない。個人によって異なるが、成人の体には脂肪細胞の数がおおよそ250億〜300億個あると言われている（**図4-8**）。つまり、成長期にかけて増え続けた脂肪細胞の個数が、その人が一生抱えていく脂肪細胞の数になるのである。

　そして、一度できた脂肪細胞は、やせても、なくならない。脂肪細胞がある限り、エネルギーが余れば、また太るのである。

「太る」ということは…

脂肪細胞が大きくなること
（その数が増えることではない）

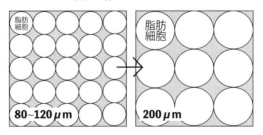

（五島1983
「現代人のエクササイズとからだ」健康科学木曜研究会編 1998 ナカニシヤ出版を改変）

図4-7　「太る」ということは?

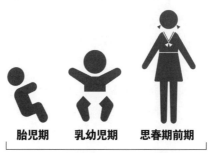

脂肪細胞の数が著しく増える時期

胎児期　　乳幼児期　　思春期前期

250 億個〜300 億個

（杉浦）

図4-8　脂肪細胞の増加時期

③肥満と生活習慣病

　肥満とは、脂肪組織の中に過剰にエネルギーが蓄積され、「過体重」に
なっている状態を言う。

　国際的に肥満の判定に最も良く使われているのが、Body Mass Index（ボ
ディ・マス・インデックス）である。これは、「体重（kg）÷身長（m）の
2乗」によって算出される。つまり、身長を2乗して、その面積に相当する

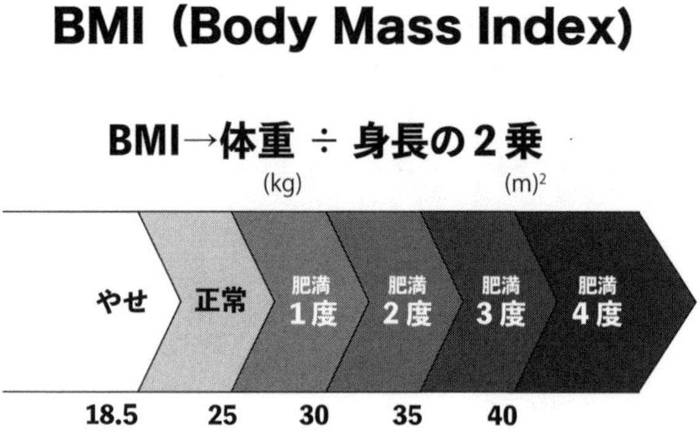

BMI（Body Mass Index）

BMI→体重 ÷ 身長の2乗
(kg)　　　　　　　(m)²

やせ	正常	肥満1度	肥満2度	肥満3度	肥満4度

18.5　　25　　30　　35　　40

（日本肥満学会資料をもとに作成）

図4-9　BMI（Body Mass Index）

BMIと生活習慣病

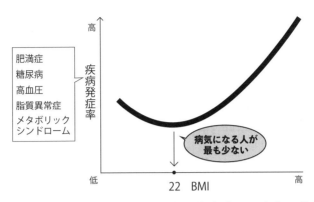

(Tokunaga K, et al. ideal body weight estimated from the body mass index with the lowest morbidlty. int J Obes. 1991;15(1):1-5.をもとに杉浦作成)

図4-10　BMIと生活習慣病の関係

体重の割合を、密度（kg/m²）という概念に置き換えて表しているものである。

　日本肥満学会では、BMIの値が体脂肪率や疾病との関係が深いことから、これを肥満度として判定する方法を用いている。BMIは、22を理想値（疾病率が最も低い）としており、18.5未満を「やせ」、18.5以上25未満を「正常」、25以上30未満を「肥満1度」、30以上35未満を「肥満2度」、35以上40未満を「肥満3度」、40以上を「肥満4度」と判定している（**図4-9、図4-10**）。

　しかし、単純に身長に対して体重が多いというだけでは、肥満は正確に判定できない。BMIが同じ程度であっても、肥満かどうかを正しく知るためには、体脂肪率を見る必要がある（**図4-11**）。一般人の理想的な体脂肪率は、男性で15％、女性で25％である（**図4-12**）。体脂肪率が男性で20％、女性で30％を超えたら、肥満を意識したほうが良い。

　同じ程度の体脂肪率でも、脂肪のたまる部位には個人差がある。肥満には、腹部から上に脂肪が蓄積する「上半身肥満」と、腰から下に脂肪がつく「下半身肥満」の2つのタイプがある（**図4-13**）。どちらも肥満だが、とくに上半身肥満は、内臓に多く脂肪が蓄積されるタイプで、注意が必要に

なる。糖代謝の異常や脂質代謝の異常あるいは高血圧症を伴い、動脈硬化が進み、やがてメタボリックシンドロームを発症する。そして、最終的に心筋梗塞や脳卒中などを引き起こすとされている。

　肥満に長寿は望めない。まずは、自分の「肥満」の程度を知ることが重要となる。日頃から、自身のコンディション（BMI、体脂肪率、肥満のタ

身体組成 (Body Composition)

（杉浦）

図4-11　体脂肪率の算出方法

体脂肪率の評価基準と性差

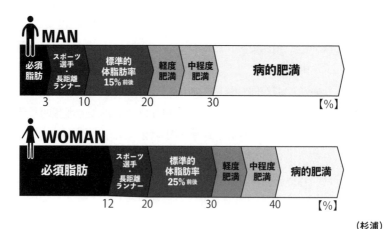

（杉浦）

図4-12　体脂肪率の評価基準

肥満のタイプ（上半身肥満と下半身肥満）

（杉浦）

図4-13　肥満のタイプ

イプ）を気にとめておくことが生活習慣病の予防に大いに役立つ。

　厚生労働省（2009）の研究班が約5万人（40〜79歳）を対象にした調査では、男女とも、やせている人よりも、太っている人のほうが40歳からの平均余命が長いことがわかった。最も短命なのは、やせた人（BMI:18.5未満）で、太り気味の人（BMI:25以上30未満）よりも、6〜7歳早く亡くなるという。行き過ぎたダイエットに警鐘を鳴らす結果とも言える。

　しかし一方で、太るにつれて有病率が高くなるというエビデンスもあり、「太っていれば寿命が延びる」ということでは決してない。

④都合の良いダイエットと間違いのないダイエット

　体型に関する意識調査を行うと、70〜80％の女性が「やせたい」と願っているという。そんな背景からか、ダイエット関連の情報は本や雑誌だけでなく、テレビや新聞などのメディアにも頻繁に取り上げられ、話題には事欠かない。

　「短期間で、確実にやせられる！」といったキャッチフレーズのダイエット方法に、科学的根拠はあるのだろうか。極端なカロリー制限や偏った食べ方をすれば、確実に体重は減って、やせられる。体重を減らすことは、簡

単なことである。要するに食べなければ、体重は絶対に減る。しかし、絶食や偏食といった方法によるダイエットは、体の脂肪を燃やしているわけではなく、筋肉や内臓などの重要な組織をやつれさせているに過ぎない。こうしたダイエット方法の多くは、圧倒的に少ない摂取カロリーや健康に必要な栄養素の偏りという重大な欠点を持ち合わせている。

　口から入った食べ物は消化・吸収され、エネルギー源として利用される。また、食べ物によって摂取された栄養素は、身体の構成要素となったり、代謝活動をサポートしたりする。糖質、脂質、たんぱく質、ビタミン、ミネラルのどれが欠けても、ヒトの身体は正常に機能しない。何より、健康的な身体づくりのためには、栄養素の必要量とそのバランスが重要になるのだ。即効のダイエットなど、健康を損なうだけである。その点において、極端な食事制限による多くのダイエット方法は間違っている。

　無理な食事制限によって急激に体重を減少させると、その後の食欲促進によって、体重がもとに戻ろうとする。ダイエットによって一旦減少した体重が再増加することを「リバウンド」と言う。これを繰り返すと、体脂肪の多い、やせにくい身体になってしまう。また、いわゆる「部分やせ」を目指して、局所的な筋（肉）運動を試みても、細くなることはない。そもそも、筋肉をつけるための運動と脂肪を落とすための運動は、基本的に異なる。体脂肪を効率良く燃焼させることのできる唯一の方法は、有酸素運動の実施である。

　間違いのないダイエットとは、有酸素運動で消費エネルギーを高め、食事で摂取エネルギーを抑え、その差ができるだけ大きくなるように工夫した方法である。この方法は、食事制限だけのダイエット方法と比べると、筋肉量の減少を小さくし、逆に多くの体脂肪量を減らすことができる。さらに、筋力トレーニングも組み合わせると、ダイエットを実行しても筋肉量が維持されるので、身体の基礎代謝量を低下させなくて済む。また、長期的に筋肉量を増大させれば、さらに代謝を高める効果が出てくる。つまり、エネルギー消費の大きい「太りにくい身体」にしてくれるのである。

　体内の脂肪を運動のエネルギーとして燃やすためには、強度の低い（最大酸素摂取量の40％程度）ウォーキングに代表される有酸素運動を60分間

程度行い、200〜300kcalを消費することが望ましい。運動が長時間に及べば、体内の脂肪が優先的にエネルギーとして使われるようにもなる。

　一方、食事はバランス良く食べて、総摂取カロリーをいかに抑えるかがポイントになる。間食を控え、腹八分目で量を制限すれば、簡単に300〜400kcalを抑えることができる。要するに、一食当たり100〜150kcal程度を減らせば良いのである。1kgの脂肪を燃やすためには、約7000kcalを消費する必要がある。したがって、運動で300kcalを消費し、食事で400kcalを制限することを毎日続ければ、10日で1kg、1か月で3kgの脂肪を減らすことができるのである（**図4-14**）。

　肝心なことは、「体重を減らすことではなく、脂肪量を減らすこと」にある。科学的に裏づけされたダイエットを正しく理解し実践すれば、余分にある脂肪を落とすことはそれほどむずかしいことではない。短期間でダイエットをしようとするから、身体にさまざまな問題が生じ、挫折するのである。「急いては何事も、事を仕損じる」である。

　ダイエット成功の秘訣は、無理なく、ゆっくりと毎日の生活をエンジョイしながら、実行することである。

脂肪1kgを落とすためには…

脂肪1kg燃焼≒7000kcal消費

（杉浦）

図4-14　脂肪を1kg減らすために必要な消費カロリー

3. 水分——熱中症を予防する

①水と健康体力

　ヒトの身体の大部分は、水である。体重当たりの水分量（の割合）は、一般男性で60％、女性で55％程度である（**図4-15**）。身体にある水分は、全身のあらゆる組織（筋肉、皮膚、血液、骨、脂肪）に含まれている。しかし、脂肪には水分がほとんどない。水それ自体に栄養価はないが、第6番目の栄養素とも言われるように、水は人体の機能に重要な役割を果たしている。

　体内に吸収された栄養素の運搬や代謝、そしてガス（酸素や二酸化炭素）の交換や運搬は、すべて水を介して行われている。このとき、身体（筋肉）は、多くの熱を出す（熱産出）。体内でできた老廃物は、水に溶けて運ばれ、その多くは尿によって排出される。また、体内にある水分は、汗となり、熱を放散（熱放散）して、体温が一定に保たれるよう調節する。もし、汗で体内にある水分が多量に失われ、水分の補給がうまくできなければ、身体は脱水状態となる。

　環境によって差はあるが、脱水が体重の2％に及ぶと、口の渇きが強く感

体重あたりの水分量

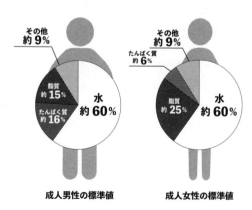

その他
約9％

脂質
約15％

たんぱく質
約16％

水
約60％

成人男性の標準値

その他
約9％

たんぱく質
約6％

脂質
約25％

水
約60％

成人女性の標準値

（杉浦）

図4-15　ヒトの体重あたりの水分量（割合）

体内の水分が失われると…

脱水

体重の2% → 口の渇き

体重の5% → 吐き気・寒気・頭痛

体重の10%→ 幻覚・錯乱

(杉浦)

図4-16　脱水の影響

じられようになる。5%で吐き気、寒気、頭痛などの症状が現れ、10%以上になると幻覚、錯乱などの重篤な熱中症の症状が見られるようになる（**図4-16**）。当然のように体温は上昇していく。

②熱中症

　体温の上昇を感知して身体がまず行うことは、皮膚（抹消）の血管を拡張させ、熱くなった血液を多く流れさせることである。温度の高い血液が皮膚に流れると、外気との温度差で血液が冷やされ、それによって、体温が下がっていくことになる。これが、「皮膚血流の増加」による身体の"冷却システム"である。

　ところが、体内の産熱がさらに活発になったり、外気温が高かったりすると、この方法では、体内に溜まった熱を逃がすことがむずかしくなる。そこで、体温をさらに下げるために発汗の調節が働く。外気温が高いと、汗によって出された水は蒸発し、蒸発するときに体表面から熱エネルギーが奪われていく。つまり、この気化熱（液体が気体になる、つまり気化（蒸発）するときに吸収する熱のこと）によって、体温を下げていくのである。これが、「発汗」による身体の"冷却システム"である。

30℃を超えるような環境では、約90％が「発汗」の作用によって身体の熱の大部分が放散される。暑いときのスポーツに関わりが深いのは、「皮膚血流の増加」よりも、圧倒的に「発汗」の機能である。しかし、ここで重要なことは、発汗に蒸発が伴うことである。汗が出ても湿度が高ければ、その汗は蒸発しにくい。すると、だらだらと汗が皮膚を流れるだけになってしまう。この場合、気化熱が発生しないので、体温調節がうまく機能しないのだ（**図4-17**）。同じ気温でも、湿度が高いと「熱中症」の発生リスクが高くなるのは、そのためである。

　また、発汗量の増加は、身体を"脱水"状態にさせる。そして、やがては放熱ができなくなり、再び体温が上昇する。こうして暑熱の環境で「皮膚血流の増加」と「発汗」の機能が働かなくなり、身体が「脱水」や「体温上昇」に陥った状態を「熱中症」と呼ぶ。

　熱中症とは、熱に中（あた）るという意味で、暑熱環境で発生する症状の総称である。熱中症には、熱痙攣、熱失神、熱疲労、熱射病がある（**図4-18**）。症状の重症度から分類すると、熱痙攣と熱失神は軽度、熱疲労は中等度、熱射病は重度となる。大雑把ではあるが、熱痙攣、熱失神、熱疲労

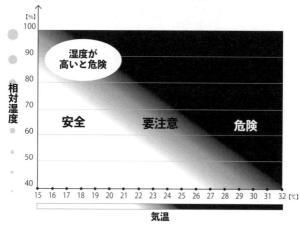

（日本体育協会「スポーツ活動中の熱中症予防ガイドブック2006」などをもとに杉浦作成）

図4-17　気温と相対湿度の関係

は大量の発汗による脱水によって、熱射病は脱水が進んで体温が著しく上昇することによって、それぞれ発症する。

　熱中症にならないためには、個々の体調を考慮する。決して、無理をしないことが大切である。これで、多くの熱中症が予防できるといって良い。さらには、暑さに慣れておく（暑熱順化）、被服の着脱の工夫をする、体重で身体のコンディションを知る、湿度の高いときには注意する、といったことに留意したい。身体の「脱水」と「体温の上昇」に対して積極的に対策を講じることが大切である。

③望ましい水分補給

　暑い環境、長時間、高い強度で行うスポーツ活動では、水分補給が極めて重要な役割を果たす。ヒトは、気温や運動の長さ・強さに応じて汗をかいて（発汗）、身体から水分が奪われていく。脱水は、さまざまな生理的変

（日本体育協会「スポーツ活動中の熱中症予防ガイドブック2006」などをもとに杉浦作成）

図4-18　熱中症とは!?

化を引き起こし、身体の機能を低下させ、パフォーマンスも低下させる。

　発汗して身体から水分が減少したら、その分を体内に入れることが必要だ。それが、水分補給である。水分補給は、身体の代謝機能を正常に戻すための最も効果的な手段となる。水分補給のポイントは、摂取した水を胃からできるだけ早く腸へ送り、腸にいかに早く吸収させるか、である。

　効果的に水分補給をするためには、以下に示す通り、水の「量」「温度」「濃度」を適切にすることが重要である。

(1) 水の量

　スポーツの活動中に一度に水を飲みすぎて、胃がチャポチャポしたという経験を持つ人も少なくないだろう。胃は、ある程度の水をためないと活発には動かない。しかし、補給のための「適量」はある。30分間以上も休息がとれないときは、運動の30〜40分前に400ml程度の水分を補給しておいたほうが良い。また、スポーツ活動中ならば、200ml（コップ1杯）程度を10〜15分おきに飲むのが、腸の吸収にとって理想的である。こまめに何回かに分けて水分を補給することが、肝心である。

　時間を決めて、定期的に飲むのには、もう一つの理由がある。喉の渇きを感じ、「水がほしくなる」という生理的欲求は、すでに身体の水分が失われ、脱水が始まりつつあることを意味している。そのため、喉の渇きを感じる前に飲む必要がある。身体の水分の損失に対して、先手を打つことが大切なのである。

　マラソンレースで5kmごとに給水所が設けられているルールの背景には、このような事実の裏づけがある。給水所の配置は、実に理想的と言える。

(2) 水の温度

　水分補給に適した温度は、ある程度の冷たさが必要とされている。温かい飲料よりも冷たい飲料のほうが、胃が活発に動く。実際には、5〜15℃が目安になっている。しかし、あまり冷た過ぎると、飲みにくい場合もある。普通にゴックンと飲める程度の冷たさなら、問題はない。

　また冷たい水は、飲料として用いられるのと同時に、運動中に皮膚に水

をかけて熱を下げるという効果を期待して使われることもある。実際にアスリートが試合中のわずかな時間を利用して、水を身体にかけているシーンをよく見かけるだろう。

(3) 水の濃度

　長時間にならず（1時間以内）、大量の汗をかくこともないスポーツ活動では、科学的にあれこれと調合されたスポーツドリンクでなくとも、混合物が少ない真水でも事足りる。また、脱水状態にならないようにするためには、とにかく水を補給し、その後に汗で失われたナトリウム、カリウム、マグネシウムなどの電解質を食事で摂取するようにすれば良い。

　一方、長時間（1時間以上）連続して行うスポーツでは、大量の汗が出る。なめると塩辛い味がする通り、水分とともに塩分（ナトリウム）もかなり失われている。水が失われると血液が濃くなって心臓に負担がかかったり、ナトリウムが失われると「ナトリウム欠乏症（血液中のナトリウム濃度が低下した状態となり、だるさや意識障害、けいれんを起こすことがある）になる。しかし、大量の汗をかいて水分や塩分が失われた後に、大量の水分だけを摂ると、摂り過ぎた水分で血液の塩分濃度が下がる。すると身体は、下がった塩分濃度をもとに戻そうとして、身体の中の水分を汗や尿として、排出してしまう。その結果、身体に水分が足りなくなり、脱水状態（自発的脱水）になってしまうこともある。

　そのため、長時間のスポーツ活動における水分摂取では、0.1～0.2％程度の食塩水（100ml中40～80mgのナトリウム量相当）を補給することが推奨されている（**図4-19**）。市販のスポーツドリンクは、ナトリウムのみならず、そのほかの電解質、あるいは糖分（エネルギー源）を付加している。さらには、液体の濃度を調節し、腸での吸収率を高める工夫などもされている。したがって、スポーツドリンクは、速やかな「電解質の補給」や「エネルギーの補給」という点から見れば、水よりも確かな飲料となっていることは間違いない。

　水分摂取は、「ただの水」で良いのか、それとも「何かの成分が調合されている（スポーツ）ドリンク」が良いのか、運動の時間や汗の量を見極め

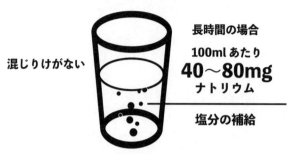

（日本体育協会「スポーツ活動中の熱中症予防ガイドブック2006」などをもとに杉浦作成）

図4-19　望ましい水分補給

て、選択することを薦めたい。

④暑さとどう向き合うか

　四季のある日本は、比較的過ごしやすい国と言われている。事実、四季豊かな気候は、日本が長寿国であることの要因の一つであるとも考えられている。

　しかし、夏の高温時期の競技会の開催については、やはり注意が必要である。日本の夏は、高温多湿のコンディションであるにもかかわらず、1年で最もスポーツが盛んに行われる時期でもある。また、秋や冬のシーズン・スポーツにとっても、重要なトレーニング期間と位置づけられている。

　スポーツによる熱中症は、「無知」と「無理」から生じる。したがって、適切な予防対策によって、熱中症は充分に防げる。気温の高さや蒸し暑さにも注意を払って、上手に付き合いながら、スポーツを楽しみたい。

第5章
身体を動かす

1. 代表的な有酸素系・フィットネススポーツ

　ここで紹介する代表的な有酸素系・フィットネススポーツは、健康・体力づくりのためのポピュラーなエクササイズ（種目）である。これらの種目は、基本的に一人で行うことができて、自分に合ったペースで運動を続けられる、という利点がある。

　しかし、運動それ自体は、単調で面白さや楽しさが足りない、という欠点もある。継続的にこれらの種目を実践していくためには、その利点を活かしつつ、音楽を聴きながら、あるいは周りの風景を見ながら、身体を動かすことを楽しめば良い。

①サッサッと歩いて、ウォーキングで健康・体力づくり

　ウォーキングは、日常生活の延長線上にある運動である。したがって、運動する時間のない人や体力レベルの低い人にとっては、ごく身近に絶好の運動のチャンスが転がっていることになる。実際、ほかの運動と違い、特別なスポーツグッズを用意する必要もない。

　ウォーキングでは、日常の歩き方に少し気をつけて、腕を前後に大きく振ることで歩幅を伸ばし、"サッサッ"とリズミカルに歩けば良い。歩幅を広げて歩くことによって、日常の歩き方（60～80m／分）ではあまり使われない股関節の周りの筋肉が活発に活動するため、脚・腰の筋力の向上にも効果が期待できる。個人差はあるが、100m／分のスピードが一つの目安となる。しかし、そのスピードが速いと感じるならば、速度を落として歩いても構わない。無理なく、1時間程度歩ければ良いだろう。

　日常生活の中に、歩くチャンスはいくらでもある。いかに速くウォーキ

ングするかを心掛けて実践すれば、意外なほど簡単に多くの運動効果が期待できる。

②ゆっくり走れば、ジョギングも大丈夫

　ジョギングは本来、ウォーキングと同じような特性を持つ典型的な有酸素運動であり、ゆっくりとしたペースで走れば、安全なスポーツと言って良い。ジョギングでは、スピードにこだわるのではなく、いかにゆっくり走るかがポイントとなる。つまり、スピードを上げて走るより、走る距離を伸ばすほうが安全で効果的なのである。「呼吸が苦しくない」「いつまでも続く」という感覚が適度な強度と言える。したがって、ジョギングに適した速度は、140〜160m／分となるだろう。

　ジョギングの場合、一瞬、足が地面から離れ、そして着地するので、ウォーキングと比べると、脚に受ける衝撃がかなり大きくなる。さらに、スピードが速いため、心臓や肺にも大きな負担がかかることになる。したがってジョギングは、体力レベルが標準以上の人が行うのに適したエクササイズと言える。体調、天候、時間帯などに注意し、そしていかにゆっくり走るかを心掛けて行えば、充分な運動効果が得られる。

③マラソンに挑戦!

　マラソンと聞くと、きついイメージがあるかもしれないが、決してそんなことはない。もちろん、順位やゴールタイムを競うようなアスリートのマラソンということになれば、話は別である。激しい疲労や息切れが起こるのは、必要以上のペースで走るからである。

　運動経験のない人や少ない人は、30分程度のウォーキングから始めるのが良い。それに慣れてきたら、徐々にゆっくりと時間をかけて長い距離を走ること（LSD：Long Slow Distance）にトライし、30分間走れるようになれば、それが45分間、60分間と延びてくる。そして、「楽である」から「ややきつい」程度のペースで60分間かけて10kmを走れるようになれば、

マラソンの完走が見えてくる。10kmのタイムがわかれば、マラソンの予想タイムが出る計算式もある。

　「1時間走れれば、マラソンは完走できる」「10km走れれば、マラソンは完走できる」などということがよく言われる。これらのフレーズは決して大袈裟な表現ではなく、多くのマラソン完走者の実績から見て、間違いのない事実と言って良い。

④意外と知られていないサイクリングの効果

　コロナ禍となり、自転車で通勤している人や週末にサイクリングを楽しむ人が少しずつ増えている。サイクリングは、個々の体力レベルに応じて、運動の強度や量を簡単に調整することができるので、年齢や性別に関係なくできるスポーツとも言える。また、ほかのスポーツ種目に比べて、エネルギー消費量が高いばかりでなく、無理なく長時間続けられることからも、サイクリングは健康づくりに有効なエクササイズと言える。

　健康・体力づくりのためにサイクリングを行う場合、「普通に」漕ぐ感覚で乗れば良い。個人差はあるが、この場合、おおよそ15km／時に相当し、40〜60分間も漕ぎ続ければ充分である。サイクリングでは、風を切って走るので、何とも言えない爽やかな気分になり、ストレス解消の効果を実感することができる。本格的にサイクリングを行う場合は、「やや強く」漕ぐ感覚で乗れば良い。その感覚なら、20km／時以上で漕ぐことになる。当然のことながら、健康・体力づくりへの効果も「普通に」漕ぐよりも大きくなる。

⑤ゆっくり泳いでも効果が大きいスイミング

　スイミングは、繰り返し練習することで初めて身につく。ただし、無理なく連続して長時間（30分間以上）泳げるようになるためには、基本的な泳法技術のマスターが必要になる。健康・体力づくりのためには、「気持ち良く泳ぐ」といった感覚が適度な運動強度と言える。体力、年齢、泳力、そ

して泳法の違いなどによる差はあるが、1回で、30分以上かけて連続して1200〜1500m程度泳げるようになれば、理想的である。

　スイミングは、エネルギー代謝の大きい運動なので、短い距離を速く泳ぐ必要はない。ゆっくり時間をかけて長い距離を泳ぐほうが、はるかに効果的である。また、リズミカルでゆっくりとした動きが多く、筋肉が大きなダメージを受けないため、全身に心地良い疲労感が残る。さらには、水圧によって、心臓が1回に送り出す血液の量が大きくなり、少ない心拍数でも充分な血液を全身に送り出すことができるようになる。このため、スイミングでは、同じ強度の陸上での運動と比べて、心拍数が10拍／分程度少なくなる。

⑥型にはまらないフィットネス・エクササイズ

　型にはまらないフィットネス・エクササイズは、技術の向上や勝敗を競うスポーツではないので、他人と比較する必要がない。また、内容（種目）の組み合わせ、運動時間の選択（15〜60分）や音楽・リズムの選択など、プログラムにも決まりがない。そのため、毎回新鮮な気持ちで退屈せず、さまざまなエクササイズ（有酸素系、筋力・筋持久力系、有酸素＋筋力・筋持久力）を楽しむことができる。なかには、水中で行うエクササイズプログラムもある。

　長く継続させるためには、プログラムそれ自体が親しみやすく構成されているか、ということが重要なポイントとなるだろう。いずれも「楽過ぎず、きつ過ぎず」の感覚で実践できるプログラムを選択することが望ましい。体力（フィットネス）が向上し、プログラムを「楽」に実践できるようになったら、一つ上のプログラムに参加すれば良い。

　最近では、AV機器やエクササイズのプログラムソフト、インターネットの普及などにより、スポーツクラブに行かなくても、自宅にいながら都合の良い時間に健康・体力づくりを実践することも可能になっている。

2. 楽しくスポーツをする

①教育的側面が強い「体育」から、「一所懸命遊ぶ」「真剣に楽しむ」へ

■スポーツの社会的地位が高い欧州とわが国との違い

欧州では、わが国と比較して、スポーツの社会的地位が高い。それは、古くからの階級社会で、スポーツを楽しむことが一つのステータスとなってきたからである。スポーツが社交や人間性を尊重したモラルとして、楽しみや遊びの文化へと育まれていった。遊びの文化には、他人に依存せず、自由を担保する能力が必要になる。そのようなことが市民社会の成熟に大きく貢献してきた側面がある。

これに対してわが国では、伝統的な武士道の考え方もあり、スポーツが規律的な「教育」として位置づけられてきた。すなわち、スポーツは「文化」であるという根幹が欠けていて、身体を鍛えるための「訓練＝身体の教育」と考えられてきたのである。このような背景に影響され、日本人はスポーツ文化の本来の目的である「楽しむこと」「遊ぶこと」を忘れてきた、と言えよう。

スポーツが教育活動の一環としての「体育」と捉えられているため、学校を卒業すると、スポーツをしなくなる（身体を動かさなくなる）。つまり、スポーツをすることに理由を求めるから、ライフスタイルに変革をもたらさないのだ。

■スポーツは身体活動を拠り所にした遊びの文化

これでは、遊びの文化から生まれるスポーツの社会的価値が成熟していくはずがない。

多くの人々に、スポーツは「身体活動を拠り所にした遊びの文化である」であると改めて認識してもらいたい。快適で、心地良い、豊かな人生を送るためには、日常においてスポーツを「楽しむ」ことを忘れてはならない。そして、スポーツを楽しんで、心身の健康を高めてもらいたい。

一人あるいは少人数で行う健康スポーツ（ウォーキング、ジョギング、サイクリング、スイミング、フィットネス、エクササイズなど）では、マ

イペースで少しずつ、その種目に必要な技能・体力レベルを向上させて楽しめば良いだろう。また、複数で行うスポーツ（テニス、卓球、バドミントン、バスケットボール、バレーボール、野球、サッカーなど）では、初級者（経験者）であっても、工夫次第で中・上級者とも一緒に楽しみながらプレーできる。技術・体力レベルに差があっても、スコアやポイントを調整したり、グラウンドやコートの大きさを変えたりすることにより、みなで楽しめるようにすれば良い。

　一方、人数を問わず、自然環境を利用した健康スポーツ（ゴルフ、スキー、サーフィン、登山など）は、季節、移動時間、経費などを考慮し、自然を侮らず、無理をせずに楽しみたい。

■自分に合ったスポーツをどのように選ぶか？

　個々に適した健康スポーツ種目を考える際には、自らの運動経験から自身の持っている技術や体力を理解した上で、多くの種目の中から自分に合った楽しめるスポーツを選択していくことが得策であろう。

　そして、選択した種目で、どの程度の強度・時間・頻度の働きかけを行えば、今の自身の身体がどのように変わる可能性（トレナビリティ：Training＋Ability）があるかについても、明らかにしておくことが大切である。

　目安としては、楽と感じる（強度）レベル以上で、1時間程度身体を動かせば良い。この運動量（強度×時間）で行えば、老若男女問わず、多くの種目で200〜300kcalを消費することができる。そして、1回／2日の頻度で身体を動かせば、健康体力の維持への働きかけとしては、充分であろう。もちろん、さらなる向上を目指すのであれば、強度・時間・頻度を見直すことになる。いずれにしても最も大事なことは、今の自分がその種目で無理のない内容（時間・強度・頻度）で楽しむことができるか、である。また、身体のコンディションをより良く整えるためには、レジスタンストレーニングやストレッチングを実践していくことも、忘れてはならない。

　それぞれのライフステージで、できる限り多くの種目を経験して、自らに合ったスポーツを見つけよう。勝敗や成績にこだわる必要はない。「スポーツで遊ぶ、楽しむ」で良いのである。「遊べる・楽しめる」ための技術・体力を獲得し、ぜひとも健康体力を向上させてもらいたい。

表5-1　種目ごとの消費エネルギー量

各運動種目で消費するエネルギー量

運動種目	エネルギー消費 kcal/kg/分
ラジオ体操	0.0818
歩・走（100m/分）	0.1000
走（200m/分）	0.2000
なわとび	0.1809
ゴルフ	0.0747
サイクリング（10km/時）	0.0800
サイクリング（20km/時）	0.1600
水泳（遠泳）	0.1437
卓球	0.1092
硬式テニス	0.1411
バドミントン	0.1119
バレーボール	0.1437
サッカー	0.1893
バスケットボール	0.1903
アイスホッケー	0.3125
ラグビー	0.2145
野球（投手）	0.1172
野球（野手）	0.0706
ソフトボール	0.0800
柔道	0.2499
ボクシング	0.2303

※運動種目の値は、主にゲーム時のもの。

（「日常生活に活かす運動処方」
青木純一郎、前嶋孝、吉田敬義 杏林書院 1998を改変＜一部抜粋＞）

②スポーツを人生の財産に!

■大学「体育」が必修科目から選択科目へ切り替えられた影響

　「健康になるためにスポーツをする」という考え方では、スポーツは続かない。むしろ、「楽しくスポーツをしていると健康になる」と捉えるほうが良い。すなわち、「健康になることが目的」ではなく、「所産として健康になる」と考えることが重要だ。

　若者は、中高齢者に比べると、健康体力に不安を感じることが少ないので、健康のためにスポーツを行わない傾向にある。事実、20歳代でスポーツをする理由の第1位は、「健康のため」ではなく、「楽しいから」である。すなわち20歳代は、内発的動機づけ（楽しい）によって、スポーツを行っ

ているのである。

　学生期の運動習慣の形成は、その後のライフステージにおける運動の継続に大きな影響を及ぼす。ところが、わが国では、運動習慣を持つ大学生の割合が決して高くはない。この要因の一つに、1992年施行の大学設置基準の大綱化がある。これを機に、多くの大学で体育を必修科目から選択科目に切り替えた。それによって、大学生の運動の機会も減少してしまった。

　今日的課題は、いかに若者に「楽しくスポーツをすること」を習慣化させるか、と言えるだろう。

■外発的動機でスポーツを行う中高年者における課題

　一方、体力に衰えを感じ、健康にも不安を感じるようになる中高齢者はスポーツをする理由の第1位が、「健康のため」になる。40歳以上は、外発的動機づけ（健康になりたい）によってスポーツを行っているのだ。

　しかし、外発的動機づけによるスポーツの実施には、継続することがむずかしい、という課題がある。であれば、青年期に「楽しくスポーツをする」という経験が持てなかった中高齢者は、今の時代ならではの多様なサポートシステムを活用すれば良いだろう。

　わが国では、このような課題を解決するため、できる限り多くの人々を巻き込んで「楽しくスポーツをする」ことへの取り組みや研究が積極的に行われている。例えば、スポーツ庁では、スポーツを行うことが日常生活の一部となり、個々人が「自分なりのスポーツ」を始めることを促すためのプロジェクトを始動させている。スポーツの習慣化（日常化）が社会的な課題となっているためである。

　また、最近では、地域のコミュニティやインターネット・モバイル端末を利用して、仲間とつながり、「楽しく身体を動かす」ことをサポートするプログラムも数多く提供されるようになってきた。それらを活用することも求められる。

■しがらみや違いを越え、かけがえのない絆を深めるツール

　「プレーすることを楽しみたい」、あるいは「楽しんでプレーしたい」というフレーズが、アスリートの談話などでしばしば聞かれる。一方で、われわれがスポーツをするのも「楽しいから」という理由が大きい。

実際のところ、多くの人々は、楽しくなければスポーツをしない（続かない）だろう。競技スポーツでも健康スポーツでも、「楽しい」ということが共通のキーワードであるのだ。それは、まさにスポーツの原点でもある「楽しむこと」と一致する。

　スポーツ科学は、「何をすべきか？」「どうすれば良いのか？」ということを明確にし、われわれ一般人にも、正しいスポーツとの接し方を教えてくれる。科学による正しい視点をもってスポーツに接すれば、スポーツの楽しさをより体感できて、もっと素敵なスポーツライフを送れるようになるだろう。

　スポーツを通じた営みは、社会のしがらみやさまざまな違いを超えて、多くの人とかけがえのない絆を深めることに資する。人とつながって、スポーツを楽しむことは、人生の財産にもなる。繰り返すが、スポーツは人生の楽しみに欠かせないのである。

第6章
スポーツとアスリート

1. スポーツの力

①さまざまな無形の財産を生むもの

　新型コロナウイルス感染症が拡がる中でも、アスリートは自ら目標を定め、工夫し、努力を重ね、数多くのメッセージを発信してきた。彼らのメッセージは「スポーツの力」として、多くの人に「生きる力（将来をどのように生きるか、そのヒント）」を与えたに違いない。そもそも、「スポーツの力」というフレーズは、2013年の2020東京オリンピック・パラリンピック招致活動の最終プレゼンテーションから幾度となく耳にするようになった用語である。言わば、「スポーツは夢をくれる　夢は力をくれる　力は未来をくれる　今この国にはこの力が必要なのだ」というメッセージである。

　スポーツ基本法の前文には、「スポーツは、次代を担う青少年の体力を向上させるとともに、他者を尊重し、これと協同する精神、公正さと規律を尊ぶ態度や克己心を培い、実践的な思考力や判断力を育む等人格の形成に大きな影響を及ぼすものである。また、スポーツは、人と人との交流および地域と地域との交流を促進し、地域の一体感や活力を醸成するものであり、人間関係の希薄化等の問題を抱える地域社会の再生に寄与するものである。さらに、スポーツは、心身の健康の保持増進にも重要な役割を果たすものであり、健康で活力に満ちた長寿社会の実現に不可欠である」と記されている。

　スポーツにはこのように、連帯、他者への尊重、ルールの遵守、そして勇気、専心、努力、克己などという、人間・社会性の崇高な行為のすべてが含まれている。さらには、心と身体を健やかに育む力がある。健康であれば、老若男女、誰もが目標や夢に向かって進むことができて、前向きに

もなれる。また、そのプロセスで生まれる多くの人々との触れ合いや絆が、その人の生き方をより豊かにしていってくれる。そこには、さまざまな無形の財産が生まれてくる。その財産は、人それぞれ、どんなことでも構わない。そして、それらを後世へと引き継いでいくことができれば、社会全体の大きな夢のある遺産（レガシー）ともなり得る。

　これこそ、「スポーツの力」と言えるのではないだろうか。

②スポーツの力の価値

　スポーツとは、単に身体を丈夫にするだけのツールではない。心をも豊かにできるツールである。このことに多くの人たちに気づいてもらいたい。そして、社会や個々人が抱えるさまざまな問題に対して、スポーツの力で改善できる可能性を見出していってもらいたい。

　スポーツの力による影響は、必ずしも社会基盤（インフラ）の整備や近代化に伴う都市の発展、経済の成長といった"有形"の財産でなくても良い。言葉や数字（記録）を見聞きしただけでは、人の気持ちは動かないものだが、アスリートのたゆまぬ努力、抱える苦悩や葛藤、予測不可能な現実と向き合い、それを受け入れプレーするひたむきな姿は、見ている人たちの心を揺さぶる。アスリートが肉体的、精神的に自らを追い込んでいく「その様」に目を向け、耳を傾けてもらいたい。そこにはきっと、「スポーツの力」の価値が存在する。競技スポーツで繰り広げられるアスリートのプレーには、筋書きのない展開がある。そしてそれらは、人生や社会にも相通じる。

2. 競技スポーツにおける 「science and art」

①主観的なパフォーマンス発揮方法＋客観的な事実の融合

　競技スポーツは、「science（科学）」であり、「art（芸術）」である。この

表現は、スポーツ科学者の間でしばしば使われる口上である。「science」とは言うものの、そもそも人の活動（人生・社会）を科学で立証していくことには、困難がつきまとう。極限の状態で相手と対峙し、個々の特性を活かして、パフォーマンスを発揮しようとする一流のアスリートであれば、なおさらである。一流アスリートの戦いには、予想（予測）もできないような劇的な結末が少なくない。それゆえ競技スポーツは、ドラマチックなのである。

　スポーツを同じ手順で行えば、多くの人に同じような影響や効果が現れるかもしれないが、まったく同じ結果には必ずしもならない。なぜなら、そこには個人差が存在するからである。その個人差を科学で立証し、解明していくことがむずかしいのだ。すなわち、なぜ個人差が生じるのか、その要因をすべて科学で証明することはできないのである。

　一方、競技スポーツにおける「art」とは、他人とは異なる差、すなわち個人差を個性と捉え、それを「only one」と称して、その領域を「芸術」と考えるものである。芸術には、その人にしか表現できない個性（特異性）と再現性のない価値が存在する。スポーツの領域にも、超一流選手や名コーチと呼ばれる優れた人たちがいるが、多くの人が持ち得ない「芸術」とも言って良い能力（感性や指導力など）を有しているからこそ、彼らは称賛される。

　彼らの能力は、創造性に満ちている。創造性の領域に、現在の科学は及ばない。将来もし、彼らの能力の一端が科学によって明らかになれば、どうしたらあんなプレーができるのかが解析され、そのコツやひらめきが、あるいは、どうすれば金メダリストをつくれるのかが分析され、その秘訣や指導の術が共有されて伝授されることが可能になるかもしれない。

　わが国では、世界基準を目指した日本人選手のパフォーマンス向上のため、スポーツ科学を活用し、個々の選手は特性に応じた合理的な技術（戦術）を習得し、それらを活かしたプラン（戦略）を構築していくことが必須の状況にある。

　近年では、選手やコーチによる「主観（感性・感覚：芸術）的なパフォーマンス発揮方法」に、スポーツ科学者が提示する「客観的な事実」を融合

させていくことが実践されており、成果も上げつつある。

②科学が芸術にどのくらい寄与できるか?

わが国のスポーツにおけるパフォーマンス強化策は、「science and art」である。すなわち、科学者、指導者、実践者（選手）が協働し、理論と実践に改良を重ね続ける対策だ。科学者が数値に"隠されている"真実を見抜き、コーチ・選手が感性（感覚と勘：主観）を信じて、客観的事実（数字：科学）との"ズレ"を修正していく協働作業である。この協働作業こそが、競技パフォーマンスを高みに引き上げる。

理論と実践の統合とは、「トレーニング・競技現場での経験・情報・観察、問題提起・仮説をもとに合理的な事象を追求し、エビデンスとして確認する。そして、このサイクルを繰り返すことで、新たな理論を打ち立てパフォーマンスの向上を図ること」である。科学者と実践者（選手・コーチ）が一体となった「非常識を常識にする」協働作業によって世界一を目指すケースは、決して少なくはない。

(杉浦)

図6-1　スポーツ＝科学＋芸術

「競技スポーツはscienceでありartである」という考え方に則れば将来、スポーツの世界において、科学が芸術の分野にどのくらい寄与できるか、が問われることになる。これは、スポーツ科学者たちの挑戦であるとも言える。今後の「スポーツ科学」の発展に期待したい。

　競技スポーツを観戦することは、面白い。「競技スポーツはscience（科学）であり、art（芸術）である」ということを心の片隅に留めておくことは、アスリートの一挙一動そして一言一句を読み解く際の鍵になるかもしれない。

3. 2020東京オリンピック・パラリンピックが遺した無形の財産

①勝利至上主義におもねない若いアスリートが示したスポーツの原点

　2020オリンピック・パラリンピック東京大会は、「すべての人が自己ベストを目指し（全員が自己ベスト）」「一人ひとりが互いを認め合い（多様性と調和）」「そして、未来につなげよう（未来への継承）」という3つを基本コンセプトとしてきた。

　アスリートたちは、新型コロナウイルス感染症のパンデミックにより大会の開催が危ぶまれる不安定な状況の中でトレーニングを続け、感染予防のための行動制限まで課せられた。そんな中でも、アスリートがひたむきに競技へと向かう姿に励まされた人は、少なくなかったはずである。競技後のインタビューでは、メダル獲得の有無にかかわらず、多くのオリンピアン・パラリンピアンが「幸せです」という言葉を発していたのが印象に残った。その言葉は、「夢や目標を持って日々を送れたので、幸せでした」という趣旨であるという。「幸せ」の定義は人それぞれだが、人生（未来）において夢や目標を持つことの意義は、存分に伝わっただろう。

　この2020東京大会では、初実施となった種目がいくつかあった。そのうちの一つであるスケートボードは、新風を吹き込み、大会を勢いづかせた。

この競技の選手には、幼児期からの「遊び」が開花した10歳代のアスリートが多かった。そこには、メダル獲得にさほどの執念も見せずに、国を越えて、より良いプレーをした選手をたたえ合う姿があった。大逆転を狙ったものの、最後に転倒してしまい、メダルを逃した日本人選手を海外選手らが抱き上げ、攻め切った彼女の奮闘を称えたシーンも新鮮に映った。

　勝利至上主義という一元的価値におもねない若いアスリートたちの姿は、多様な価値観を持つことの素晴らしさを教えてくれた。今、アスリートたちの世界には、勝利至上主義による誤った指導、ドーピング問題、差別、そして彼らの心のケアなどの多くの課題が存在している。その中で、スケートボードに参加した若きアスリートたちが見せた、ライバルを認め、互いを高め合い、ともに困難を乗り越えていく行為（＝文化）は、「スポーツの原点：遊ぶこと・楽しむこと」や「（競技）スポーツの価値」を見直す契機にもなったに違いない。

②多様性を認め合う社会へと変わる契機

　一方、パラリンピックでは、陸上競技やトライアスロンの障がいクラスの一部で見られたパラアスリートに寄り添い競技をサポートするガイド（ランナー）、ハンドラーの存在が目を引いた。

　彼らは、パラアスリートの前方に出たり、選手を押したり、戦略に関するアドバイスをしてもいけない。また、ゴール時の写真判定の邪魔になっても反則となる。パートナーの反則は、アスリートの反則となり、失格となる。したがって、ガイドもハンドラーも、パラアスリートとともに戦う重要な「相棒」として、日頃からトレーニングをともにし、チームワークを磨いているという。ゴール後の彼らが健闘を称え合う姿は、「共生と協働が、信頼と尊敬から生まれること」や「一人では成し遂げられないことでも、みんなで協力すれば乗り越えられること」をわれわれに教えてくれた。

　2020東京大会では、さまざまな困難を乗り越え、世界中のアスリートたちが自らの限界や可能性に挑み、力と技を競った。オリンピアンは「人の能力の限界への挑戦」を、そしてパラリンピアンは「人が持つ可能性への

挑戦」を存分に見せ、われわれを魅了した。その姿は、多くの感動をもたらしてくれた。オリンピックの開会式で、日本選手団の旗手を務めた八村塁選手（バスケットボール）や、聖火リレーで最終ランナーとなった大坂なおみ選手（テニス）は、日本以外の国にルーツを持つアスリートである。男女平等を進めるため、混合種目も増えた。いずれも、多様性を認め合う社会へと変わる契機となるはずである。

　パラリンピックは、障がい者のリハビリテーションの一環として、1964年から始まった。これまでに、競技者用の車いすを開発する技術が、高齢者・要介護者らが日常で使う用具の改良にも役立ってきている。心のバリアフリーが多くの人に築かれることを願う。

　2020東京大会の開催を契機に、国籍、性別、障がいの有無などにかかわらず、すべての人が尊重し合える社会へとなってほしいものだ。東京オリンピック・パラリンピックのレガシーの価値や存続は、今後のわれわれの行動次第なのかもしれない。

第7章

アスリートの驚異の肉体

1. アスリートの「心」を探る

①競技スポーツにおける「心」の重要性

　アスリートが本番（試合）で自分の力を100％発揮し切ることは、なかなかむずかしい。オリンピックや世界選手権のような大舞台であれば、なおさらである。事実、オリンピックの陸上競技におけるファイナリスト（決勝進出者）でさえ、必ずしも自己記録（100％）、あるいは自己新記録（100％以上）で決勝に進出しているわけではない。

　アスリートが重要な試合で最高の結果を残すためには、実力以上のパフォーマンス（自己記録の更新）を発揮することよりも、むしろ持っている実力をいかに発揮できるか、が重要な課題となる。

　ここ一番で実力を発揮し勝てるのは、そのアスリートに「勝負強さ」が備わっているからである。心理学の立場から見れば、「勝負強さ」とは、大事な場面で自分の持っている実力を発揮できる「心の強さ」と言える。大舞台では、技術や体力が優れているだけでは勝てない。世界記録保持者が、必ずしもオリンピックや世界選手権でチャンピオンになれるとは限らないのである。

　このことからも、大舞台ではいかに「心の強さ」が必要であるかがわかるだろう。一流のアスリートにとって、「速い」ことや「巧い」ことよりも、「強い」ことが、勝つためには絶対に必要となる。アスリートは、コンピュータのように機械的に身体を動かしているわけではなく、心の中でさまざまなことを感じ、考え、そして判断する、というメカニズムを持っているのである。

　競技レベルが高くなれば高くなるほど、技術や体力による差がほとんど

なくなるので、勝敗は「心の強さ」によって決定されることが多くなるのだ。世界的なレベルでの大会では、「心」の影響が70〜80%以上を占めるとも言われている。「最後（決勝）は、勝ちたいと思う気持ちのより強い者が勝つ」と指摘されるように、競技スポーツの勝敗には、「心」が大きく関係しているのである。

②心と競技成績（パフォーマンス）の関係

　心の状態が人の行動にプラスにもマイナスにも影響を及ぼすということは、われわれの日常生活を考えても容易に理解できるだろう。

　競技スポーツにおけるアスリートの心の状態を表す言葉は、「楽しい」「無心」「プレッシャー」「あがり」など、さまざまである。また、スポーツ心理学の分野では、「覚醒」「緊張」「動機づけ＝motivation」など、いくつかのキーワードがある。

　一般的に、心の状態とパフォーマンスとの関係には、ちょうど英語のUの字を逆さまにしたような曲線が描かれる。これは、「逆U字曲線（仮説）」と呼ばれている（**図7-1**）。心身が目覚めている状態を表す「覚醒」「緊張」「動機づけ」は、高過ぎても低過ぎてもいけない。その中間に、パフォーマンスを最高にする理想的な水準が存在している。

　この仮説は、あらゆるスポーツにあてはまるが、種目の難易度やアスリートの能力、さらには個人によっても、理想的な覚醒水準は異なってくる。例えばゴルフのパッティングに代表されるような、主に小筋群を使い、微妙な調整を必要とする課題では、最適な覚醒水準が低いほうが望ましい。一方、ウエイトリフティングに代表されるような、大筋群を使って大きなパワーを発揮するような課題では、覚醒水準が大きくなる傾向にある。また、同じ運動課題であるならば、競技レベルが高くなる（〜上級者）ほど、最適な覚醒水準は高くなる。なお、「動機づけ」や「緊張」も、パフォーマンスレベルに対して、「覚醒」と同様の傾向を示すことが知られている。

　いずれにせよ、アスリートは個々に応じた理想的な心理状態にあるときに、最高のパフォーマンスを発揮している。このような状態を「ゾーン」

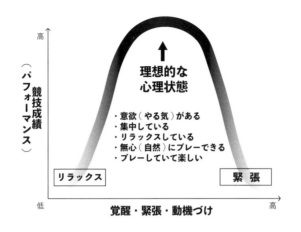

心の状態と競技成績

高

（パフォーマンス）
競技成績

低

理想的な
心理状態

・意欲（やる気）がある
・集中している
・リラックスしている
・無心（自然）にプレーできる
・プレーしていて楽しい

リラックス　　　　　　　　　緊　張

覚醒・緊張・動機づけ　　　　　　高

（杉浦）

図7-1　心の状態と競技成績の関係

「フロー」と表現することもある。「意欲」「集中」「リラックス」「無心」
「楽しい」などは、世界一流のアスリートたちの理想的な心理状態を表す
キーワードである。これらは、心の中でお互いに深く関連している。

③理想的な心理状態で、最高のパフォーマンスが発揮されるメカニズムとは?

■生理学的な解釈

　「理想的な心理状態にあるときに、最高のパフォーマンスが発揮される」
というメカニズムは、生理学と心理学の2つの立場から、それぞれ解釈され
ている（**図7-2**）。

　まず、生理学的立場からは、「理想的な心理状態では、動かす身体の部位
に応じて、脳の必要な領域が適切に活動し、それ以外の領域の活動が抑え
られる（休止）ので、筋肉にリラックス（弛緩）すべきところと緊張（収
縮）すべきところを区別して命令を送ることができる」と説明されている。
アスリートに対し、しばしば使われる「（身体の）動きが良い」あるいは
「動きが硬い＝ガチガチ」といった言い回しは、生理学的な説明をわかりや

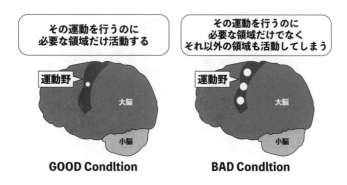

生理学からみたメカニズム

その運動を行うのに
必要な領域だけ活動する

運動野

大脳

小脳

GOOD Condltion

その運動を行うのに
必要な領域だけでなく
それ以外の領域も活動してしまう

運動野

大脳

小脳

BAD Condltion

(杉浦)

図7-2　生理学が説明するパフォーマンスを左右するメカニズム

すく示した表現と言える。リラックスすることができれば、スピードのあ
る動きで大きな力を発揮することが可能になる。

■**心理学的な解釈**

　一方、心理学的立場からは、「理想的な心理状態では、周りの状況や身体
の動きなどを短時間の中で記憶する回路（ワーキングキングメモリー）が
雑念にとらわれることなく、すべて身体を動かすことに活用できる」と説
明されている（**図7-3**）。

　アスリートが試合後に勝因を聞かれたとき、「相手に関係なく、自分の力
を100％発揮することだけに集中できた」というようなコメントをするこ
とがしばしばある。これは、アスリートが無心で競技できているときには、
記憶回路がすべてそのプレーのために使われている、ということを意味す
る。「無心で戦え！」という信条は、運動の遂行のために必要なワーキング
メモリーの容量を、運動以外の情報（雑念）に食われないようにせよ、と
いう教えと読み取ることができる。

　「自分との戦い」が強いられる陸上競技・水泳、体操・新体操といった競
技種目のアスリートにおいては、脳が外部情報（相手との戦術や戦略など）
にとらわれることなく、「一意専心」に活動することが求められる。逆に、
相手との戦いが避けられないサッカーや野球、バスケットボール、卓球な

心理学からみたメカニズム

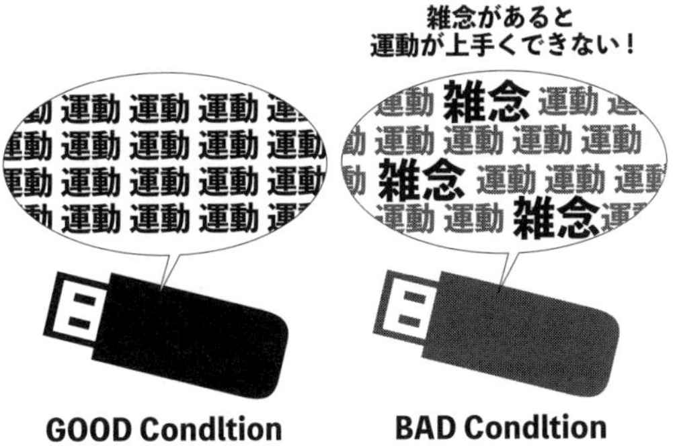

雑念があると
運動が上手くできない！

運動 運動 運動 運動
運動 運動 運動 運動
運動 運動 運動 運動
運動 運動 運動

運動 雑念 運動 運動
運動 運動 運動 運動
雑念 運動 運動 運動
運動 運動 雑念

GOOD Condltion　　　　**BAD Condltion**

（杉浦）

図7-3　心理学が説明するパフォーマンスを左右するメカニズム

どでは、脳が主体的に外部情報を「取捨選択」する活動が求められる。そして、いずれのアスリートにおいても、脳（記憶回路）がパフォーマンス発揮に関与している。

　心がリラックスし、集中できている状態にあると、アスリートは身体を意図するままに、あるいは自然に動かすことができる。逆に、心の緊張や雑念をコントロールできないと、身体を普段通りに動かすことが困難になり、実力相当のパフォーマンスを発揮することができなくなってしまう。

　つまり、心が理想的な状態にあることによって、「脳−筋肉」は機能的に連係・活動し、その結果、最高のパフォーマンスが発揮されるのである。

④心のトレーニング──パフォーマンスを最大化する手段

　きついトレーニングをし、苦しめば苦しむほど、メンタルは強くなるのだろうか。一理あるかもしれないが、さすがに根性や気合いだけで勝てるとは思えない。

　近年では、「メンタルトレーニング」の必要性を感じるアスリートや指導者が増えてきている。メンタルトレーニングは、科学的に実証された系統的な方法（技法）である。自己分析から始まり、個々の目標を設定して一

定のプログラムを行うといったことが、最近は当たり前となっている。試合で勝つための心の準備を整えることが目的で、誰でも一度は耳にしたことがあるイメージトレーニングは、その代表的なプログラムの一つと言って良い。メンタルトレーニングには、「リラクゼーション」や「パフォーマンスルーティーン」など、さまざまな技法（**図7-4**）があるが、いずれもアスリート自身が「理想的な心理状態」に入るためのプログラムである。

　しかしながら、メンタルトレーニングを行えば、誰もが大舞台で良い成績を上げられるとは限らない。メンタルトレーニングは、魔法ではない。一流アスリートになればなるほど、常に良い「緊張感」のもと、「集中」してトレーニングを行っている。つまり、普段から緊張感のある環境の中に自分を置いて、集中して技術を磨き、体力を向上させることを心掛けている。その意味では、日頃から「心のトレーニング」が行われているに等しい。何もメンタルトレーニングと称する技法だけが、「強い心」を育てるわけではないのだ。実際のところ、大舞台での実績（成功体験）が、何百日にもわたるメンタルトレーニングより高い効果をもたらすことも事実である。メンタルトレーニングは、あくまでも個々のパフォーマンスを最大限

メンタルトレーニング

（杉浦）

図7-4　メンタルトレーニングのいろいろ

に引き出すための一手段に過ぎないのである。

　試合では、「普段通りにやればいい」としばしば言われるが、それは「トレーニングの中で発揮できている力をそのまま出せば、自ずと結果がついてくる」というアドバイスともとれる。とは言え、その「普段通り」がむずかしい。試合中に平常心を保てず、自身のペースで試合をコントロールできなくなると、格下の相手に足元をすくわれることも少なくない。ワールドカップ初出場をかけた日本男子サッカーの「ドーハの悲劇」として有名な試合（対イラク戦。1994年アメリカワールドカップ・アジア最終予選1993年）が、その典型と言えるだろう。

　「心」をトレーニングすることは、むずかしい。なぜなら、心の強化は「見えないもの」との戦いでもあるからである。

⑤一流アスリートを支える心——トレーニング+実績＝「自己確信」

　実際、大舞台で実力を出し切ることは、多くのアスリートにとって至難の業である。

　例えば、オリンピックは、選び抜かれたアスリートによる4年に一度行われる「一発勝負」の大会であり、プレッシャーのかからない試合における過去の戦績は、ほとんどアテにならない。一方で、大舞台での経験や実績が有利に働くことはしばしばある。それは、アスリート自身が最も理解していることだ。

　アスリートが必要としているのは、どんな（対戦）相手でも、どんな（環境）条件でも、「必ず勝てるという確信」である。アスリートは、自身が納得できるまでトレーニングを積むことによって、「自信」が芽生える。そして、勝つことによって、それが「確信」へと変わる。「自信」を「確信」へと変えるためには、目指した試合で狙い通りに勝てたという成功体験が必要になる。「トレーニング→自信→勝利→確信」というプロセスの循環において、自身をさらに向上させて、さらなるレベルで戦えるようになるために必要になること、それが「マインドセット」である。

　「マインドセット」とは、文字通りに解釈するならば、「考え方・向き合

い方を整える」ということである。すなわち、自身が行動をする際の前提
となっている態度（心）のあり方（思い込み、先入観、刷り込み）を変え
ていくということだ。例えば、ライバルの存在を通した未知の領域への到
達は、自らの可能性を信じ、それに向かって挑戦する決断と勇気を与えて
くれるかもしれない。これも、一つのマインドセットである。

　常に全力で戦っているアスリートですら、適切にマインドセットされれ
ば、心が変わり、行動が変わり、パフォーマンスが向上していく。2017年
に陸上競技の桐生祥秀選手が男子100m走において、日本人として初めて
「10秒の壁」を破る9秒98の日本記録を樹立した。すると、2021年までに続々
と、複数の選手が9秒台を記録するに至る。20年間にもわたって日本人選手
に存在した「10秒の壁」ならぬ「心の壁」が、桐生選手によって取り払わ
れたがゆえの結果とも言える。ちなみにそれまでの日本記録は、1998年に
伊東浩司選手が樹立した10秒00であった。

　一方、後に「平成の怪物」と呼ばれ、メジャーリーガーにもなった18歳
の松坂大輔投手は、5年連続首位打者のイチロー選手との初対戦で3三振を
奪った試合後に、その感想を聞かれ、「今日（の結果）で、自信が確信に変
わりました」とコメントした。その後の松坂投手の活躍は、周知の通りで
ある。

　大舞台では、日々の「トレーニングの積み重ね」と「勝つことの経験（実
績）」によって生まれた「自己確信」が「心の強さ」となり、それが勝利を
決定づける、と言っても過言ではない。

　一流アスリートは、どんな（対戦）相手でも、どんな（環境）条件でも、
「必ず勝てるという確信」を欲している。大舞台では、日々のトレーニング
の積み重ねと試合で勝つことの経験や実績によってうまれた「自己確信」
による「心の強さ」が全力（緊張）の中でのリラックス（余裕）を生み、そ
の中で高いパフォーマンスが発揮されることにより、勝利が決定づけられ
ているのである。

2. アスリートの「技」を探る

①競技スポーツにおける技術の重要性

　マラソンで勝つために最も必要な要素は、持久力であり、技術ではない。逆に、アーティスティックスイミングやフィギュアスケートで高い得点をとるには、技術が最も大きな要素となる。また、サッカーでは、技術、持久力、瞬発力といった多くの要素が必要とされる。このように競技種目の違いにより、技術がパフォーマンスに及ぼす影響は、さまざまである。

　一般に、技術とは、自らの意志によって、自らの身体を自在にコントロールすることのできる能力を指す。競技スポーツにおいて、技術が高いということは、それぞれの競技で必要とされている「動きの完成度」が高いことを意味する。事実、一流のアスリートの技術分析を行うと、その種目で要求される合理的な動きと一致する場合が多い。

　種目によって、技術がパフォーマンスに及ぼす影響は異なるが、各種目でのトップレベルのアスリートになるためには、やはり高い技術を獲得することが大前提と言える。

②アスリートの技術を支えるメカニズム

(1) 動きの役割とは？

　高い技術を習得しているアスリートの動きは、とても人間業（技）とは思えない。それは、アスリートのダイナミックな動きの中に「素早さ」と「しなやかさ」が同居しているからにほかならない。

　ボールを投げるとき、誰でも「腕（肘）を曲げる」だろう。でんぐり返し（前方転回）をするとき、誰でも「身体を丸くする」はずである。これらに代表される「動き」は、人間が自然に、あるいは経験で身につけたものであり、別に驚くことではない。150km／時以上のボールを投げる野球のピッチャーが「腕（肘）を曲げる」、空中で3回転も前方宙返りをする体操競技の選手が「身体を丸くする」という動作はそれぞれ、肩や身体全体

を回しやすく（動きやすく）し、「素早い動き」で回転速度を上げることにより、持てる力を最大限に発揮できる仕組みになっている。

　また、アスリートは、身体の末端の関節（手・指先や足先）まで使って、一般人では考えられないようなスピードのある複雑な動きを実にスムーズに行っている。最高のパフォーマンスを発揮しているアスリートの身体の動きは、実に「しなやか」である。ときにテレビの超スロー再生によって映し出されるアスリートの動きを見れば、それは一目瞭然であろう。イチロー選手のバッティングやタイガー・ウッズ選手のスイングなどのフォームは、典型的な「しなやかな動き」と言える。

　アスリートは、動作をそれぞれの関節で分けて、それらを柔軟に動かし、身体の中心にある体幹部周辺の大きな関節から、身体の末端にある手・指先や足先の小さな関節に、力を効率良く伝えて、身体全体や部位をスムーズに動かすことにより、高い技術を発揮している。「身体全体をムチのように使え」としばしば言われるが、それは「1つひとつの力が弱く、動きの幅も小さいが、それらが合成されると、その先端の動きの幅が大きくなり、速度も増し、大きな仕事ができる」という結果につながるためである。

　こうした「素早さ」と「しなやかさ」のメカニズムは、ほとんどのスポーツ種目に当てはまり、筋力や重力などを最大限に活かして、最高のパフォーマンスを発揮するためのアスリートの基本的な動きと捉えることができる。

(2) 脳の役割とは？

　目的や意志を持って運動をする、あるいは技を駆使するとき、その情報はまず大脳で処理される。そして大脳は、動きや技を調整する機能を持つ小脳と連携して、身体をどのように動かすかを決めている（決定）。つまり、身体をどのように動かすかを司っているのは、大脳であり、小脳である（**図7-5**）。

　一流アスリートの巧みな技術には、大脳・小脳の優れた機能が必要不可欠になる。大脳・小脳からの情報（指令）は、脊髄を経由して、筋肉を動かし、運動や技を実行させる。例えば、われわれが日常的に行っている「歩

身体が動くプロセス

❶大脳
❷小脳
❸脊髄
❹運動神経
❺筋肉

(杉浦)

図7-5　大脳・小脳の指令系統

く」という簡単な運動でさえも、多くの筋肉が同時かつ協調的にコント
ロールされることで初めてスムーズに実行されている。

　より高度なスポーツ動作（技術）を修得するとき、身体（腕、脚、体幹）
の動きなどを確認（学習）しながら繰り返し、意識して少しずつ理想の動
作に近づけようとする。このような反復練習の初期の段階では、その動作
は決して巧くない。ところが、繰り返し練習を行っていると、一つひとつ
の動作を意識しないでも巧く行えるようになる（記憶：運動の自動化）。ま
た、反復練習（学習）によって記憶された動作のプログラムが間違ってい
れば、修正：調整（再学習：フィードバック）することもできる（**図7-6**）。

　トレーニング中に「身体で憶えろ！」と指導されることがしばしばある。
これは、小脳でスポーツ動作（技術：戦術）を獲得せよ、という指示であ
ると言って良い。実際、走る、跳ぶ、投げる、あるいは自転車を乗りこな
す、上手に泳ぐ、さらにはボールを巧みに蹴る、打つなどの決められた動
作を正確に実行する技術（クローズドスキル）は、小脳の働き（運動の学
習・記憶と調整）によって成り立っている（**図7-7**）。

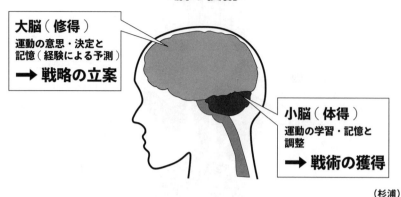

脳の役割

大脳（修得）
運動の意思・決定と
記憶（経験による予測）
➡ 戦略の立案

小脳（体得）
運動の学習・記憶と
調整
➡ 戦術の獲得

（杉浦）

図7-6　スポーツにおける大脳と小脳の役割の違い

クローズドスキルとオープンスキル

クローズドスキル

個人競技
脳に記憶された動作

オープンスキル

対人競技
脳に記憶された動作と
経験による予測

（杉浦）

図7-7　クローズドスキルとオープンスキル

　一方、サッカー、バスケットボール、野球に代表される球技スポーツや
柔道、レスリングなどでは、状況（戦況）が一瞬で変わるため、アスリー
トはゲーム中、常に考え、予測していなければならない。頭の中で、次の
プレーへのイメージ（プラン：戦略）を持って競技することが不可欠とな
るのだ（**図7-6**）。

つまり、こうしたスポーツに欠かせない要素は、試合における「先読み」ができるか否か、なのである。敵の裏をかくショットやシュート、味方の選手を見ずにパスを出す「ノールック・パス」、敵の攻撃を予測した「返し技」や「防御姿勢」、さらにそれを想定したディフェンダーの動き（ブロック）などは、「先読み」の成せる技と言えるだろう。アスリートは、脳に存在するトレーニングや試合での記憶を頼りに、起り得る状況を予測して、次に行う動作の調節を積極的に機能させている。経験という記憶の土台を頼りに、そこから生まれる予測が、「先読み」と言えるのである。

「先読み」は、記憶と予測が交錯する瞬間である。一流のアスリートを評して使われる「読みがいい」「予測がいい」などの表現は、その機能が発達していることを示している。多くのアスリートも、トレーニングや試合で培った経験による記憶をもとに、状況に応じて判断し、動作を創造し、それを素早く、そして正確に実行できる高い技術（オープンスキル）を有している。ベストなプレーは、大・小脳に記憶されたプログラム（プラン）と身体の動きが一致したときに生まれる、と言える。

(3) 体形の役割とは？

サラブレッドは、体幹が筋肉の塊で、脚が極端に細くなっている。速く走るために大きなパワーが必要なので体幹の筋肉は太く、一方で、脚は素早く回すために逆に細くなっている。これにより、身体の各部位（関節）の動きによってつくられたエネルギー（パワー）が効率良く伝わり、その結果、身体を動かす力（推進力）が大きくなることに都合良く機能している。この事実は、それぞれの種目でのアスリートの理想的な体形を考えるときのヒントとなっている。

興味深いことに、種目によってアスリートの体形は、それぞれ特徴的である。体操の選手は、ほかの種目のアスリートと比較して、体格（身長、体重）は小柄であるが、全身が筋肉質である。サッカー選手は身長、体重ともに、アスリートの中で平均的なサイズをしている。スプリンターは、サッカー選手と似通っているが、脚長（とくに膝下）が長いことが特徴と言えよう。また、野球のホームランバッターは、体が大きく、とくに上半

身の筋肉が発達している。アメリカンフットボールのディフェンダーは、身長が大きいことに加えて体重があるので、身体の容積が大きい。さらに、バスケットボールのセンタープレーヤーは、身長が著しく高く、腕が長い（**図7-8**）。

　体形のデザインは、種目によって異なり、遺伝的要因の影響が強い。アスリートに共通している理想的な体形とは、エネルギーの発生源となる筋肉の周りが太く、そのエネルギーが伝わる末端部に向かうにしたがって細くなっていることである。それにより、身体全体や腕・脚などの部位を動かしやすくなっているのである。

　それぞれの種目における一流アスリートの体形は、その種目に要求される技術や体力に適した「無駄のない形態（スタイル）」である、と言って良いだろう。

③一流のアスリートを支える技術

　競技スポーツで勝利を収めるためには、持てる力を効率良く使い、身体を合理的に動かす高い技術が必要とされる。一流とされるアスリートほど、競技の特性そのものをよく理解し、自身の個性を最大限に引き出す技術を

種目によって体形が異なる

【cm】
200
190
180
170
160
150

女子体操選手	ジョッキー	サッカーフィールドプレイヤー	短距離選手	ホームランバッター	ヘビー級ボクサー	アメリカンフットボールディフェンダー	バスケットボールセンタープレイヤー
150cm, 40kg	160cm, 47kg	175cm, 74kg	178cm, 70kg	186cm, 88kg	191cm, 99kg	191cm, 126kg	214cm, 117kg

（Newsweek SPECIAL WORLD CUP ISSUE 1994を改変）

図7-8　種目とアスリートの体形

創造し、身につけている。すなわち彼らは、自身をよく知り、その競技に必要な動きの「コツ」を身につけ、個々の資質に応じた技術を備えているのである。

　一方で近年は、ハイテクを駆使したスポーツ用具・施設の開発や改良が積極的に進められている。競泳の「高速水着」、スピードスケートの「スラップスケート」、陸上競技場の「高速トラック（走路）」などがその代表である。今後はさらに、それらに対応した技術の完成度も、勝敗を左右するポイントの一つになっていくに違いない。

3. アスリートの体力・運動能力を探る

①競技スポーツにおける 「体力」「運動能力」 の重要性

■体力

　体力は、身体能力の略であり、英語では「physical fitness」と言う。直訳すれば、「身体の適応能力」となる。言うなれば、体力とは「身体が運動に適応し得る能力」となる。「し得る能力」は、「することができる容量（capacity）」ととらえられる。

　体力は、「行動を起こしたり、持続したり、調整したりする能力（capacity）」から構成されている。「行動を起こす」能力は、スポーツを力強く、そして速く行えることである。筋肉が縮む力やスピードと関係があり、筋力やパワーの能力を示している。また、「行動を持続する」能力は、スポーツをできる限り長く続けられることである。心臓、肺、血管、筋肉の働きと関係があり、筋持久力や全身持久力の能力を示している。そして、「行動を調整する能力」は、スポーツを巧み（上手）に行えることである。筋・神経系の機能と関係があり、敏捷性、平衡性、巧緻性、柔軟性の能力（調整力）を示している。

　要するにアスリートは、高いパフォーマンスを発揮するために、種目に応じた（専門的）体力トレーニングを行い、実践に即した個々に欠かせな

い体力要素の向上に努めているのである。

■運動能力

運動能力は、英語で「motor ability」と言う。運動能力とは、「体力（筋力、パワー、筋持久力、全身持久力、敏捷性、平衡性、巧緻性、柔軟性）を基盤として、（運動）種目で、発揮できる能力（ability）」となる。言い換えれば、運動能力は「実際にアスリートが試合で発揮するパフォーマンス（能力）」を意味する。

1990年代、バスケットボールの神様と謳われたM.ジョーダン選手が一時、NBA（National Basketball Association）を引退して、MLB（Major League Baseball）に挑戦して話題となった。結果だけ見れば、失敗に終わった。その最大の要因は、バスケットボールと野球ではそれぞれ要求される身体能力（capacity）がオーバーラップする箇所はあっても、発揮する運動能力（ability）が異なる、という点にあった。

つまりアスリートは、成功を収めるために種目に応じた高い運動能力を発揮しなければならないのだ。

②一流アスリートの驚異の運動能力

オリンピックや世界選手権などを見るたびに、一流アスリートたちの驚異の運動能力に感嘆させられる。

筋力・パワーや持久力などの体力がシンプルに運動能力に大きな影響を及ぼす代表的な種目は、陸上競技である。しかも、競技成績が秒単位で表示されるため、「世界一流陸上競技選手の驚異的な運動能力」を具体的にとらえやすい。高い筋力やパワーを必要とする代表的な種目に注目して見ると、陸上競技の100mでは、これまでに記録された最高疾走速度がU.ボルト選手（ジャマイカ）が2009年の世界陸上ベルリン大会で優勝（9秒58）したときの12.4m/秒であり、時速に換算すると44.6km/時にも達する。これは、市街地で50ccのバイクを運転しているときの速度以上である。

一方、高い持久力を必要とする代表的な種目について見てみると、マラソンの世界最高記録（2時間1分9秒、2022年、E.キプチョゲ選手：ケニア）

の場合、100mを17.3秒のペースで走り続けていることになる。これは、小学生422人が100mずつ走り継いでいっても敵わないスピードと言って良いだろう。

　また、調整力が競技成績に大きな影響を及ぼす種目においても、想像を超える一流アスリートのパフォーマンス（技能、演技）が数多く存在する。例えば、身長が2mを超えるNBAに所属するプレーヤーたちが巧みなドリブルによってボールを操り、俊敏な動作で相手をかわし、コートを駆け巡るパフォーマンスには、誰もが圧倒されるだろう。また、一流のプロゴルファーが起伏のあるグリーンで、何mも離れているカップにボールを入れてしまうパッティングのタッチ、コントロールは、絶妙、巧みと言うほかない。さらには、新体操の選手が驚異的な身体の柔軟性で、ボールやリボン、輪などを巧みに操る演技には、思わず拍手を送りたくなる。

　特定のアスリートに限って見てみると、1980年のモントリオールオリンピックで10点満点を連発した女子・体操競技のN.コマネチ選手（ルーマニア）が披露した平均台での一糸乱れぬ演技は、抜群のバランス感覚によるパフォーマンスであり、世界をあっと言わせた。近年では、フィギュアスケートの浅田真央選手や羽生結弦選手が氷上で難度の高いスピン（回転）やアクセル（ジャンプ）などを次々に決めていくパフォーマンスも印象的で、「敏捷性」「平衡性」「巧緻性」「柔軟性」の能力を兼ね備えた圧巻の演技と言うしかない。

③トップアスリートの高い運動能力を決定する遺伝子

　ヒトの身体の大部分は、たんぱく質が担っている。そのたんぱく質の合成は、4種類あるDNAの塩基（A、G、C、T）配列パターンによって異なる。そして、異なるさまざまなDNAの配列パターンは、ヒトそれぞれの設計図となっている。この配列には、多様性があり、個々人で異なる部位が存在する。この異なる塩基配列が人口（母集団）の1%以上の頻度で生じる場合を「遺伝子多型」、1%未満の場合を「遺伝子変異」という。DNAの配列パターンの多様性は、ヒトの個性を表現していることになる。このこと

を、トップアスリートが発揮する類まれな運動能力と関連づけて見ると、彼らが発揮するパフォーマンスは、遺伝子の多様性が編み出した個性の「表現型」と捉えられる。

　トップアスリートと遺伝子の研究が注目される一つのきっかけとなったのは、1993年の『Nature Genetics』に掲載された論文「Erythropoietin receptor mutations and Olympic glory（エリスロポエチン受容体の変異とオリンピックの栄光）」と題する論文であった。その結論は、「トップアスリートは金メダリストになるための遺伝子を生まれながらに持っていた」というものである。それ以来、これまでに50を超える遺伝子の部位において、運動能力との関連性があることが報告されている。

　これらの中で、とくに運動能力との関連性が強いと考えられているのは、染色体の11番目に位置するACTN3遺伝子である。この遺伝子は、「αアクチニン3」というたんぱく質を設計する役割を持っている。このたんぱく質は、短距離走でパワーを生み出す「速筋線維」の構造を強化すること（高速での筋の収縮）を可能にしていると言われている。ACTN3遺伝子は、たった一つの塩基の違いによって、RR型、RX型、XX型という3種類のタイプに分かれる。ACTN3遺伝子におけるRR型の存在は、瞬発力を必要とする種目において、圧倒的に有利に働く。RR型でなければ、世界一流のスプリンターになることはできない、というデータさえもある。そして、それぞれのタイプ発現は、人種ごとにその割合が異なっている、という事実も明らかになってきている。

　しかしながら現時点で、パフォーマンスに対する遺伝要因を十分に説明できるまでには、至っていない。つまり、「あなたはどちらかというと短距離種目（あるいは長距離種目）に向いている」という程度の推測ができる段階と言って良い。運動能力を決めているのは必ずしも遺伝子だけではなく、トレーニングや食事の内容といった環境要因がパフォーマンスに関与していることは、言うまでもない。

　トップアスリートの運動能力が遺伝的な要因と環境的な要因によって決まることは、紛れもない事実である。われわれは、そのことを忘れてはならない。

④遺伝子情報とどのように向き合うか?

　ヒトの個性が千差万別であるのは、遺伝子の多様性によるものだ。一人として、同じヒトはいない。それゆえ、遺伝子を調べることは、その人の個性を知ることにつながる。遺伝子情報は、究極の個人情報である。

　医療の領域では今、遺伝子情報を用いた生活習慣病対策につながる研究が行われている。実際に、遺伝子のデータを活用することにより、個々に応じた診断や治療、薬や運動プログラムの選択など、一律でないオーダーメード型医療の実現が目指されている。

　一方、スポーツにおける遺伝子情報の活用は、多くの研究者が口を揃えるように、揺籃期の段階にある。スポーツの領域では、その活用方法を間違えれば、ヒトの差別や選別につながりかねない。WADA(世界アンチドーピング機構)は、2005年に競技スポーツでの遺伝子情報の利用を想定し、「アスリートの選別や差別につながるような遺伝子情報の利用は奨励しない」との強い声明を出している。

　しかし、遺伝子検査を上手に活用できれば、その情報は競技スポーツの領域においては、アスリートの個性を最大限に活かせるような種目の選択やトレーニング方法の選定を行うための手掛かりとなる。また、その有効活用によって記録や成績が向上していく、というアスリートの喜びを体現する有用なツールとなる可能性も秘めている。

　遺伝子情報の利活用は、スポーツの領域だけに留まらず、倫理、法律といった方面にもさまざまな問題を投げ掛けている。遺伝子情報を知ることは、われわれに自分の「過去」や「未来」についての問い掛けに対する好奇心をくすぐる一方、自分の「現在」と向き合うことにも活用できるはずである。そう遠くない将来、多くの人が自身の遺伝子情報と上手につき合わなければならない日が来るかもしれない。

⑤トップアスリートに欠かせない種目特性に応じた体力・運動能力

　トップアスリートが発揮するパフォーマンス(記録、演技)を見てみる

と、ヒトの持つ身体能力の多様性と運動能力レベルの高さに、改めて気づかされる。

　もちろん、体力や運動能力の向上が長期間にわたる厳しいトレーニングの成果であることに疑いの余地はない。トップアスリートは、自らの体力の特性を見極め、その種目に必要な（専門的）体力要素をトレーニングすることによって、運動能力をレベルアップさせている。トップアスリートは、自身の基礎的体力のみならず、競技種目の特性に合致した専門的体力の向上の重要性をよく理解しているからだ。

　また、トップアスリートの体力・運動能力に関する情報（研究・報告）は、トレーニング法の確立や競技会での戦術・戦略などに重要な示唆を与えている。近年では、競技力の向上、トレーニング効果の検証、タレントの発掘などを目的とした専門的体力の測定（項目）も検討されようになった。現在では、コンピュータを駆使した精巧な機器の開発と併せて、専門体力に関するよりミクロな研究も行われている。

4. アスリートの才能を考える

①一流アスリートにとっての才能とは?

　持っている才能を遺憾なく発揮してきたメジャーリーガーのイチロー選手は、自らを振り返り、「小学校5、6年生のときにバッティングセンターで、140km ／時を超える体感速度のボールを打っていたことが、現在のバッティングの原点となっている」と語っている。一流のアスリートとなって引退した現在でも毎年、自らに高いレベルの目標を課し、常に向上心をもって野球に取り組んでいる姿勢には、「さすが」と言うほかない。

　とは言え、忘れてはならない事実は、イチロー選手に限らず、すべての一流アスリートがその競技種目にふさわしい「素質」を持っている、ということである。才能に関しては、「素質」という能力の存在を語らずに説明することは、むずかしい。一流アスリートのパフォーマンス（競技成績）

は、「心・技・体に優れた素質を持っている上で、それぞれの個性に合った独自のトレーニングを継続することによって得られる結果」である。しばしば言われる「才能の開花」とは、「素質に恵まれた者がトレーニングによって、素晴らしい成果を上げた瞬間」を意味する。

　一般に、優れた才能を持っていることを、「能力がある」「適性がある」「向いている」と言っている。辞書によれば、才能とは、「物事を考えて実行できる能力」を意味する。ならば、才能があるということは「良い結果を出せる実力があること」となる。一方、素質とは、「持って生まれた能力」を意味する。そして、素質があるということは、「将来において、良い結果を出すための優れた資質を持っていること」となる。このように、「才能」と「素質」は言葉の意味が異なる。

　しかし、「才能」や「素質」の意味を正しく理解し、区別して使っている人は意外に少ない。実は、競技スポーツにおけるアスリートの才能は、「生まれながらに備わっている身体能力」と「その後の経験によって培われた身体能力」の2つの要因が融合された結果である、と言える。前者は、素質と言われ、「先天的要因」に由来する。対して後者には、トレーニングや試合などの経験による「後天的要因」が大きく影響している。これら2つがアスリートの才能に関係しているのである。

②一流アスリートが持っている才能

(1) 経験が育てる強い心

　世界的なアスリートのレベルになると、技術や体力には差がほとんどなく、「心」の要素が勝敗を分ける上で大きな役割を果たしていることが多い。事実、一流アスリートや一流アスリートを育てたコーチが成功したその要因について語るとき、「精神力」を挙げることが多い。これは、どんなに優れた技術や体力を持っていても、「目標に向けて挑戦する気持ち」や「意志の強さ」「勝利への意欲」といった「心の強さ」が欠けていては、日々行われるトレーニングによる充分な成果が上がらず、最終的に高いパフォーマンスを発揮することがむずかしい、と考えられているからである。

それでは、アスリートに必要な「心の強さ」はいつ、どのような形で獲得されるのだろうか。多くの国の指導者によれば、「心の強さ」は、長期間に及ぶトレーニングの過程でも培うことができる、と考えられている。競技スポーツで成功するためには、長期間に及ぶトレーニングが必要となることは、言うまでもない。短期間でトップアスリートになることは、あり得ない。その過程には、試合やトレーニングでの成功もあれば、失敗もある。いわば、日々が試行錯誤の繰り返しなのである。そして、それらがすべて経験という「財産」となり、アスリートは勝てると思える「心の強さ（確信）」を獲得するのである。

　だが、もともと競技スポーツに向いている心の強さを持っている者が一流のアスリートになっている、とも考えられる。しかしながら、今のところ、この考え方（仮説）を証明する科学的な研究は、見当たらない。

　ともあれ、競技スポーツで成功するためには、さまざまな困難に打ち勝ち、その目標を達成しようとする高い動機を持ち続ける「心」の存在が重要であることには違いない。

　一流アスリートに必要な強い精神力は、優れた素質（先天的要因）よりも、トレーニングや試合などの経験を重ねることによって得られる後天的要因に、より大きな影響を受けているように思われる。一流のアスリートは、多くの経験によって育てられた理想的な心理状態（集中、リラックスなど）で最高のパフォーマンスを発揮するのである。

(2) 生まれ持った体形が支える高い技術

　体形（形態）には、遺伝が大きく影響していることが知られている。代表的な要素は、身長である。両親の身長が高ければ、ほぼ100%に近い確率で子どもの身長も高くなる。

　アスリートの体形は、種目の違いによって大きく異なる。例えば、体操の選手は小柄であるが、全身の筋肉が発達しており、バレーボールのアタッカーは、長身で肩や脚の筋肉がとくに発達している。また、陸上競技のトップスプリンターは、大腿が太く、下腿（膝下）が細く、そして長くなっている。つまり、体形を見れば、それぞれのスポーツへの向き、不向

きがある程度、推測できる。向いている体形であれば、その種目で成功する素質を有していることになる。

　そもそも誰でも、ヒトの体形は身体の中心部となる体幹が太く、手足など末端にいくにしたがって細くなっている。一流アスリートは、臀部、腿や肩・背中の周りの部位が発達し、逆に下腿や前腕は細く締まり、これがトレーニングによって、さらにシェイプ・アップ（強調）されていて、高い技術を発揮するための有利な体形になっている。オリンピックや世界選手権での100m決勝でスタートラインに並ぶスプリンターの体形を見れば、このことは一目瞭然であろう。

　身体の動きは、このように体形と連動する。極めて高い技術は、その種目の理想となる体形によって獲得される。

　一流アスリートが高い技術を獲得するためには、前述のイチロー選手に見られるような、子どもの頃からの英才教育も大切であるのだが、欠かすことのできない要素は、種目に適した生まれもった体形にこそあると言って良いだろう。

(3) 驚異的な体力を決定づける筋肉のタイプとそれに関与する遺伝子

　筋力・パワーや持久力に代表される身体の機能（体力）や運動能力においても、先天的要因が大きな影響を及ぼす。一流アスリートのパフォーマンスには、2つの異なるタイプの筋肉が関与している。

　筋肉は、その特性から「速筋線維」と「遅筋線維」の2種類に大きく分類される。「速筋線維」とは、筋の収縮スピードが速く、短時間に大きなパワーを出すことができる反面、早く疲労してしまうのが特徴である。これに対して、「遅筋線維」は、収縮スピードが遅いので、大きなパワーを発揮することはできないが、持久性に優れているのが特徴である。

　ヒトの筋肉には、このように性質の異なる線維が分布しており、その構成の割合を「筋線維組成」と言う。通常、一般人の筋肉（大腿四頭筋）の多くは、両タイプの線維の割合が50：50か、もしくはそれに近い比率となっている。

　筋力・パワー系の競技で優れた成績を収めているアスリートは「速筋線

維」の占める割合が、そして持久力系の競技で優れた成績を収めたアスリートは「遅筋線維」の占める割合が、それぞれ高い。つまり、アスリートの筋線維組成は、その種目に望ましいと考えられる比率となっているのである。

　筋線維組成は、90％以上が遺伝によって説明できるという報告もあり、後天的なトレーニングによって変化しにくいことが科学的にも証明されている。すなわち、トップアスリートになれるか否かは、生まれながらの筋肉の素質によって決まっていると言って良い。実際、筋力・パワー系や持久力系の運動能力やそれらに関連する筋線維組成にいくつかの遺伝子が関与していることが近年、明らかになっている。

　運動能力に関与する遺伝子の中で最も注目をされているのは、前述のACTN3遺伝子である。ACTN3の発現は、速い筋収縮や筋の構造維持に重要な役割を果たすことから、筋力・パワー系の運動能力に好影響を及ぼし、逆にACTN3が欠損すると、持久力系の運動能力に影響を及ぼす、と考えられている。

　速筋線維が優位なアスリートは、大きな筋力・パワーを必要とする瞬発型の種目に向いており、遅筋線維が優位なアスリートは、スタミナが要求される持久型の種目に向いている。また、敏捷性、巧緻性、平衡性が問われる動きの能力にも、先天的な要因が大きな影響を及ぼしている、と考えるのが妥当とされている。

　要するに、筋自体や、脳・神経筋のそれぞれが持つ先天的な特性は、種目の向き・不向きに大きな影響を及ぼしていることになる。したがって、一流アスリートになるためには、自身の持っている筋の特性を見極めて、適切な種目を選ぶことが必要となる。

③一流アスリートになるために重要なこと──限界に挑戦する「努力」

　心・技・体の3つの要素は、トレーニングによって改善することができる。とは言え、素質のないアスリートがトレーニングを行うよりも、素質のあるアスリートがトレーニングを行ったほうがより良い結果が得られる、と

いうことは明らかである。それは、素質による差と考えられる。

　近代競馬発祥の地・イギリスの競走馬サラブレットは、200年以上もの間、純粋培養されてきた。そのため、その血統と速く走れる能力（パフォーマンス）の関係がある程度、保証されている。この事実は、素質とスポーツを考えるときの手掛かりとなる。とは言え、走るための素質を選び抜いて産するサラブレットであっても、産まれてから何の調教もなしに勝馬にはなれないだろう、ということは容易に想像できる。

　一流のアスリートになるためには、素質に恵まれなければならないが、それに加えて、勇気と決断をもって自己の限界（才能）に挑戦する努力を続けることも、忘れてはならない。

第8章

人類の進化と科学の進歩、その光と影

　今も昔も、自らをup-to-dateしていくことは、人としての成長や進化を促すことにつながる。

　とは言え、現代では、テクノロジーの飛躍的な発展とライフスタイルの変化、社会構造の変容を背景として、これまで拠り所とされてきた「過去の成功体験」が通用しなくなりつつある。われわれは、そんな中でも、時代の変化を踏まえ、大きく変わっていかなければならない。それに必要不可欠な能力は、「イノベーション：innovation」であろう。

　新たなことを創造し、物事を変革し、その価値のさらなる向上を生み出すイノベーションは、さまざまな可能性を広げていくことにつながる。イノベーションは、「技術革新」と訳されることが多いが、別の単語を用いると、「the use of a new idea or method」となる。和訳すれば、イノベーションとは、「新しいアイデアや方法の利用」となる。

1. 走高跳びのイノベーション

　陸上競技におけるフィールド種目の花形・走高跳びの背面跳びは、「偶然」から生まれた。それは、一人の高校生の「これはいける！」という直感からだった。

　彼は、多くの人から笑われ、「うまくいくわけがない」と指摘された方法で試行錯誤を繰り返し、独自でより効率の良い、洗練された跳躍スタイルを築き上げていった。自分で編み出した跳び方であるがゆえ、誰からも教わることができない。それでも、そのスタイルにこだわり続けた。「少年時代から慣れ親しんできた大好きな走高跳びで、とにかく高く跳びたい」。彼の想いはただ、それだけだった。

　彼が考え出したスタイルは、「非常識な（誰もやったことがない）背中か

らバーを越す跳び方（背面跳び）」であった。その背面跳びの開発者は、「偶然」の出会いからわずか5年後のメキシコオリンピック（1968）で金メダリストとなった。偶然を味方にしたのだった。

①背面跳びの誕生──成績がパッとしない選手の偶然

1960年代まで走高跳びの世界では、脚を振り上げ、腹ばいになってバーを跳び越すベリーロールが最も効率の良い跳躍であると考えられていた。その時代に、ベリーロールが苦手で、バーを跨ぎ越える「はさみ跳び」をしていた成績のぱっとしない高校生がいた。彼こそが、背中からバーを跳び越える「背面跳び」の開発者となったD.フォスベリー選手（アメリカ）である。

はさみ跳びでは、上体を立てたまま、身体全体を押し上げる必要がある。効率の悪いスタイルではあるが、誰もが取り組みやすい。初心者に向いている跳び方と言える。それは、中学校の体育の授業で教わる走高跳びの導入がはさみ跳びであることからも納得できるだろう。

これに対してベリーロールは、バーに正対し、ダイブしながら前転飛び込みを行う、という原理的にむずかしい跳び方になる。体育の授業で、ベリーロールを正しい空中姿勢で跳べる生徒が少ないのも頷ける。ベリーロールでは、空中で身体の操作性を維持することが困難だ。ところが、コツさえ掴めれば、バーを這うように飛び越えていくベリーロールは、身体全体を押し上げる必要がないため、はさみ跳びより効率の良い姿勢で跳べることになる。

だからこそ、当時の走高跳びは、ベリーロールが主流であった。効率の良くないはさみ跳びで跳躍する選手は、ほとんどいなかった。ところが、フォスベリー選手は、不器用だったため、身体の操作性を必要とする技術的にもむずかしいベリーロールが苦手で、はさみ跳びで跳んでいた。

16歳だったフォスベリー選手が競技会に出場し、それまで経験したことのない高さにバーが上がったとき、はさみ跳びで踏み切りをしようとして、腰がいつも以上に高く上がり、肩も普段より後ろに倒れて、背中からバー

を越えてしまった。これが、背面跳びが誕生した瞬間である。決して格好の良い跳び方ではなかったが、背中からバーを越えるこの跳び方により、彼は大幅に自己記録を更新することになった。

ところが当時、見たことのないこの奇妙な跳び方は、周りのチームメイトから失笑され、コーチからも認められなかった。それでも、フォスベリー選手は自分を信じた。背面跳びの踏み切りに改良を加えただけでなく、助走にも工夫を施し、一人で背面跳びに挑戦し続けた。そして大学入学後も独自に背面跳びを続ける彼に、「人それぞれのスタイルがあって良い」と気づかされ、協力してくれる一人のコーチが現れる。そのコーチのもと、彼は走高跳びの選手に必要な下半身の筋力強化に取り組み、全米屈指のジャンパー（1968年、全米大学選手権の覇者）へと育っていった。

背面跳びは、踏切動作や空中姿勢に無理がないため、失敗が少なく、安定した跳躍が可能になる。フォスベリー選手は、その跳び方で1968年のメキシコオリンピックに出場する。当時は、情報や映像が瞬時に世界を駆け巡る時代ではなかったため、これが世界が初めて見る背面跳びだった。常識を覆した跳び方に、誰もが驚いた。フォスベリー選手は、オリンピック新記録となる2m24cmをクリアし見事、金メダルを獲得する。

ベリーロールのできない落ちこぼれジャンパーが自ら開発した背面跳びで栄冠を勝ち取ったのである。

②背面跳びのメカニズム――助走スピードを活かしやすい跳躍

走高跳びのパフォーマンスを向上させるためには、助走における水平方向への速度を上手に利用して、できるだけ鉛直（垂直）方向への大きな速度を得ることが課題となる。そのためには、踏み切り時に、できるだけブレーキをかけずに、スムーズに跳躍することが重要になる。

直線助走を用いるベリーロールでは、選手はバーに向けて真っすぐに走ってくる。そのとき選手は、高く跳ぶための勢いをつけるため、踏み切り時に身体を後ろに大きく反らさざるを得ない。こうして身体を強引に傾ける動作を加えることは、急激なブレーキをかけることと等しく、助走の

スピードを跳躍高に結びつけることがむずかしくなる。

　一方、曲線助走を用いる背面跳びでは、選手は踏み切り前の数歩で曲線上を走ってくることになる。このとき選手は、身体を内側に倒しながら（内傾）、バーに近づく踏み切りの直前で後ろに反らす（後傾）という両方の動作が自然にできるため、踏み切り時に助走スピードのロスが少なくて済む。つまり背面跳びは、ベリーロールと比較して、助走スピードを活かしやすい跳躍と言えるのだ。

　また、バーをクリアするとき、ベリーロールでは、脚を大きく前方に振り上げ、身体全体をほぼ同時に、半ば強引に押し上げなければならないので、大きなパワーが必要になる。一方の背面跳びでは、身体を後ろ向きにして頭、肩、背中、腰（臀部）、脚の順で無理のない姿勢でバーをクリアしていくので、ベリーロールと比較すると、それほど大きなパワーを必要としないで済む。

　理論的に背面跳びは、ベリーロールと比較して、踏み切り時の助走スピードを最大限に活かし、同じ高さのバーをより小さなパワーで跳び越すことを可能にする。後の研究でも、フォスベリー選手が開発した背面跳びは、走高跳びのいくつかある跳躍スタイルの中で最も効率の良い跳び方で

跳び方の違いとバーとの距離

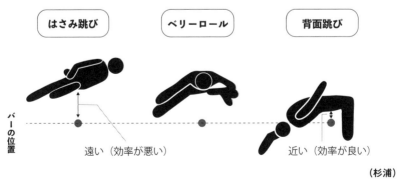

図8-1　走高跳びの跳び方の違いとバーとの距離

あることが実証された（**図8-1**）。ヒトの英知によって進化していった背面跳びは、科学が後塵を拝する形で、生体力学の視点からもその優位性が証明されたのだ。

　背面跳びは今では、世界中の選手に採用されている。男子では1980年から、また女子では1978年から現在に至るまで背面跳びを用いた選手がそれぞれ世界記録を更新し続けている。背中からバーを越すことから日本語では、背面跳びと名付けられたが、英語では開発者にちなんで「Fosbury Flop」と呼ばれている。

③世界を変えた信念――「自分を信じる心」

　成功は、思わぬ方向からやってくる。事を為すとき、常に柔軟な姿勢を失ってはならない。また、諦めてもいけない。

　フォスベリー選手は、多くの人から欠点が多いと思われた方法を試し、自分なりの工夫を加えて、少しずつ背面跳びを洗練させていった。そのとき、この挑戦が「成功に至るか、それとも失敗に終わるか」は、彼自身もわかっていなかっただろう。しかし、フォスベリー選手は、走高跳びが大好きで自分流を貫き通した。「ただ高く跳びたい」と願い、背面跳びを信じ続けた一人の青年の勝利の瞬間は、オリンピック決勝の大舞台で訪れたのであった。

　1968年のフォスベリー選手の背面跳びから四半世紀後の1993年に、キューバのソトマヨル選手が2m45cmを背面跳びで跳んだ。これが、その誕生から半世紀経った今も破られていない世界記録である。そして今では、世界中の一流選手のみならず、中・高校生選手までもが、背面跳びを受け継いでいる。

　フォスベリー選手は、背面跳びで世界を変えたが、世界を変えようと思ったのではない。好きな走高跳びを続けたかっただけである。陸上競技の走高跳びに「背面跳び」という「イノベーション」を起こしたフォスベリー選手の歴史は、「好きなことに熱中できることの素晴らしさ」や「壁にぶつかっても自分を信じる心を持つことの大切さ」を教えてくれる。

2. 水着のイノベーション

　競泳をまったく新しいレベルに到達させるための水着の開発では、異分野の考えや概念が採り入れられ、発想を転換させて、自らの分野に適用しながら、イノベーションが行われていった。

　開発の目的は、新しいアイデアにもとづくテクノロジーにより、競泳のレベルを向上させることであった。高速水着を開発したイギリスの水着メーカーの開発責任者は、「スパゲティを茹でようとしたとき、乾麺が湯の中にスーッと入っていくのを見て、閃いた」と振り返る。すなわち、彼が目指したのは、ヒトの身体を極限まで抵抗の少ないカタチにすることであった。

　高速水着のモデルは、強力な素材でつくられているパネル材で身体の凹凸を平らにし、「抵抗の少ない理想的な体型をつくること」と「動きやすさ」とのバランスをとることで完成した。その新しい水着は、北京オリンピックが開催された2008年のシーズン当初に発表された。高速水着を着用した選手たちは、世界記録を連発し、競泳を短期間でレベルアップさせた。短縮されるタイムも大幅で、30を超える種目で世界記録が更新された。そして、これまで長い期間、塗り替えられることのなかったいくつかの種目でも世界記録は破られた。

　競泳を変えた高速水着の開発のポイントは、「発想の転換」にあった。

①水着の進化——「ウェア」から「ギア」へ

　水着に革新的開発が起こる以前、競泳の世界では、水着の違いによってパフォーマンスに差がつくことはない、と考えられていた。また、競泳のルールも泳法や施設に関する事柄が主であって、水着に関してのルールは、「透けない」「浮力をつけてはいけない」など、大ざっぱなものだった。ところが、そこに開発者たちの新しいアイデアを創出する余地があったのだ。競泳の高速化の革新的開発の焦点は、たった1枚の水着であった。

　水着の進化は、今から半世紀前の1964年、東京オリンピックから始まっ

たと言われている。当初は、撥水性が高い、そして縦横方向への伸縮が可能な「素材（生地）」の開発に力が注がれた。その後20年間は、首や肩甲骨周りを大きく開けた動かしやすい「形状（デザイン）」が追求されていった。

そして、1988年のソウルオリンピックでは、水着の表面（生地）の抵抗軽減の開発に注力するようになる。「いかに水の抵抗を抑えて、スムーズに前に進めるか？」という考え方は、ここから始まった。2000年のシドニーオリンピックでは、素材・表面のさらなる改良のみならず、その生地で全身を覆うことによって、泳ぐ際に発生する抵抗も軽減させる水着が登場した。ハイテク水着の極めつけは、2008年の北京オリンピックで登場したイギリスの水着メーカーによる「高速水着」であった。

驚異的な速さを実現するその高速水着の開発には、NASA（アメリカ航空宇宙局）の技術者までもが参加した。CGを用いた流体力学解析システムにより、抵抗を受けづらい一本の細い棒状に泳者を仕立てるような水着を目指した。特殊なパーツ（ラバー）の構造により、身体の凹凸をなくし、身体を支えることで、水の抵抗を受けにくくするだけでなく、筋肉の疲労も軽減させる機能を持ち合わせることになった。

高速水着の開発のポイントは、水着の構成（素材・表面）の改良から、機能の向上へのシフトにあった。つまり高速水着は、「スイミング・ウェア」から「スイミング・ギア」になったのだ。威力を増大させる「道具（ギア）」へと進化した高速水着の出現は、選手やコーチに新たな「記録の向上への期待」を予感させた。

しかし一方で、「記録の更新には高速水着が欠かせない」「高速水着を着ていないと勝負にならない」といった戸惑いも与えることになった。また、度重なる世界記録の更新に、世界トップレベルの選手が「水着ではなく、選手が主役である」と主張する場面さえもあった。そうした議論を横目に、高速水着を着用した2008年と2009年には競泳のほとんどの種目で世界記録が更新された。

だがその後、この高速水着の着用は、わずか2シーズン（2008年、2009年）で終わりを告げた。水着の素材は、「繊維を織る・編む・紡ぐという工程でのみ加工した素材」に限定されたのだ。また、水着が身体を覆う範囲

も、男性用は臍から膝まで、女性用は肩から膝までと制限された。これらによって、2008年に登場した高速水着の着用は、2010年以降の公式大会で禁止されるようになってしまったのである。

②高速水着による記録向上のメカニズム――「推進力」vs「抵抗」

　高速水着は、前述したように、抵抗の少ない理想の泳ぎのフォームを自然につくり出す「ウェア」ならぬ「ギア（道具）」である。

　選手は、伸縮性のない素材でできた小さめのサイズの高速水着を選んで、身体を詰め込むようにして着用する。すると、選手の体型は胸部、腰部、臀部の凹凸がなくなり、流線形の殻をかぶったように成形される（**図8-2**）。この水着を着用すれば、選手は限りなく少ない抵抗で、水中を進むことができるようになる。その結果、選手の抵抗排除能力を向上させるような努力が不要となる。事実、選手からは、「後半バテない（高速水着が理想の泳ぎのフォームを維持してくれる）ので前半からハイペースで泳げる」「従来の水着と比べて泳ぎの感覚が違う（スーッと前に進む）」といった高速水着を歓迎する声が相次いだ。

スピード水着の形状

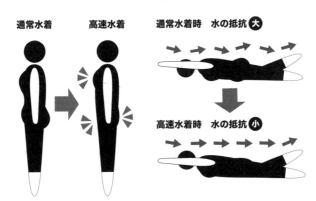

（河合「読売新聞2008.6.20朝刊」を改変）

図8-2　高速水着の意義＝「推進力」vs「抵抗」のバランス

競泳に必要な能力は、①筋力・パワーを増して、大きな推進力を獲得すること、②理想的なストリームライン（蹴伸び姿勢）を形成して水の抵抗を少なくすること、にある。推進力の獲得には大きな身体が必要で、欧米選手が有利になる。しかし、欧米選手に比べて体格に劣る日本選手は、理想的な蹴伸び姿勢によって抵抗排除能力を高めることで、世界と互角に戦ってきた。この事実の一端は、これまでの日本の競泳の歴史を紐解くことによって、うかがい知ることができる。すなわち、蹴伸びの姿勢が重要視される平泳ぎでのメダリストが多い半面、推進力の大きさが勝敗を左右する自由形でのメダリストは少ない、というわが国の成績が、それを裏づけている。

　競泳の奥深さやむずかしさは、推進力が増して、速く泳げば泳ぐほど、身体への水の抵抗が大きくなってしまうことにある。この両者、すなわち「推進力：筋力・パワー」と「抵抗：技術」のバランスを保ちながら、いかにして速く泳ぐか、が競泳の魅力と言える。

　しかし、高速水着の着用は、選手の抵抗排除能力の向上を不要にし、単に腕力やキック力のある選手を有利にしてしまうだけである。これでは、競泳の魅力が半減してしまう。「もはや競泳とは言えない」と高速水着の出現に異論を唱える科学者も現れたほどだ。

　要するに、高速水着の出現は、「競泳」という競技自体を変えてしまうほどのインパクトがあったのである。

③ヒトの能力に限界はない!?——「禁止後」の世界記録更新

　高速水着でつくられた世界記録の更新（数）は、2008年の北京オリンピックでは25回、2009年のローマ世界水泳では43回を数えた。一方、高速水着が登場する前の2004年のアテネオリンピックおよび2007年のメルボルン世界水泳では、世界記録の更新がそれぞれ6回、9回と一桁台であった。その後、高速水着が禁止された直後の2011年の上海世界水泳では、わずか2つとなる。2008、2009年の両シーズンにおける世界記録の更新回数が突出して多いことが良くわかる。高速水着が世界を席巻したと言って良いだろう。

速く泳ぐことに有利に働く高速水着によって誕生した世界記録は当分、更新されないだろう、と多くの関係者が予測していた。ところがその後、高速水着への規制によって不利になったにもかかわらず、選手はほとんどの種目で世界記録を更新している。この事実は、高速水着が出現してからの10年間の世界の「水泳界の進歩」とも見て取れる。この間に、新たなトレーニング法の開発やコーチ・選手の意識の向上が大きく影響していたに違いない。

　記録更新の要因の一つとして、速く泳ぐことに特化した（体幹）トレーニング法の進歩によって、選手の水中での身体の使い方が洗練されていったことが挙げられる。アメリカ代表のチームディレクターであったF.ブッシュ氏によれば、「確かに（世界記録）ハードルは上がった。しかしそれで、選手とコーチは次のステップを見据えるようになった。高速水着の出現は、むしろ幸運だったと思えるようになってきた」と語った。また、同国短距離種目のA.アービン選手も、「みんなが不可能だと思うところまで限界を上げることは、人間の精神の一部だと思う。選手たちは、自分たちが進化するための責任を背負っている」と語っている。

　現在、いまだ高速水着時代の世界記録が更新されていない種目もあるが、多くの種目は記録が塗り替えられてきている。ヒトの進化は、科学の進歩をも超えてゆく。今後、競泳の世界記録はどこまで更新されていくのか、注目したい。人類の挑戦は続く。

3. 陸上競技4×100mリレー「アンダーハンドパス」の イノベーション

　陸上競技の花形4×100mリレー（400mリレー）における「アンダーハンドパス」の導入は、既成概念にとらわれない独自の理論にもとづく実践への挑戦であった。

　日本代表リレーチームの挑戦者たちの想いは、個々の疾走能力がライバルと比べて劣っていても、さまざまな工夫を施すことによって、勝利を収

めることだった。彼らは、科学によって導かれたエビデンス（根拠や理論）と自身のコンセプトを洞察し、アンダーハンドによるバトンパスを実践していった。この挑戦は結果的に、両走者が腕を伸ばし利得距離を得て、バトンを受け渡す「オーバーハンドパス」の常識的な優位性に疑問を投げかけることにもなった。

　人はともすれば、「見過ごしてしまいそうなこと」や「常識を疑うこと」に無頓着である。「これで本当に良いのだろうか」「ここを変えるともっと可能性が広がるかもしれない」といった思考を持てば、「できるはずない」ことが「できるようになる」ことがある。科学とヒトの創造の共生による挑戦から生まれた日本代表リレーチームの快挙は、常識（指導書）を疑って既成概念を突破することに原点があった。

①アンダーハンドパス再考の萌芽とその挑戦——ある論文の提案

　日本代表のリレー強化のチャレンジは、個人種目で世界と戦うことが至難の業であった1980年代に遡る。その当時、日本陸上競技連盟は、4×100mリレーの競技力向上（入賞を目標）に特化したプロジェクトを組み、個人種目（100m、200m）でのレベルアップを図ることを目指した。しかし残念ながら、そのプロジェクトは、個人あるいはリレー種目において、関係者を納得させる成果を上げるには至らなかった。

　その渦中、1991年に東京で世界陸上が開催された。4×100mリレーのバトンパス変革の萌芽は、今から四半世紀以上も前にあった。それは、一人の青年研究者・杉浦雄策（筆者）が誰も興味を示さなかった4×100mリレーのデータの中から当時、主流でなかったアンダーハンドパスに着目したことから始まった。筆者は、データを分析し、日本陸上競技連盟科学委員会バイオメカニクス研究班の報告書や国際陸上競技連盟の研究雑誌に「バトンパスは、走者間の利得距離を長くすることより、速い疾走速度で短時間に完了するための動作（アンダーハンドパス）を指導していくことが望ましい」という独自の理論を展開した。

　この示唆に対し、「4×100mリレーで勝つためには、バトンがいかに速く

トラック（400m)を一周するか」というコンセプトを持っていた名門・順天堂大学の指導者であった佐久間和彦コーチが同調する。彼はそれ以前から、個々のスプリンターの育成（延べ11人のオリンピックや世界陸上などの日本代表選手を輩出）のみならず、リレーの強化（日本選手権や日本学生、関東学生で優勝、入賞も多回）にも努めていて、4×100mリレーにこだわりを持っていた。

　バトン受け渡しの方法は、「オーバーハンドパス（downsweep pass）」と「アンダーハンドパス（upsweep pass）」に大別できる（**図8-3**）。一般的に、オーバーハンドパスは肩の高さの位置で、そしてアンダーハンドパスは臀部の後方の位置で、それぞれバトンの受け渡しを行う。1968年のメキシコオリンピック女子4×100mリレーで、世界新記録の期待がかかったポーランドがアンダーハンドパスでバトンを落として以来、バトンパスはオーバーハンドパスが主流となっていた。オーバーハンドパスがアンダーハンドパスより好まれる（優位である）理由は、いくつかある。その中で妥当な考え方は、「オーバーハンドパスは、バトン渡し走者と受け走者の利得距離が長いため、両走者がバトンを保持して疾走する距離が短くなる」ということである。

アンダーハンドパスとオーバーハンドパス

（堀川「読売新聞2008.7.5」を改変）

図8-3　「アンダーハンドパス」と「オーバーハンドパス」

しかし、佐久間コーチは、科学によって導かれたエビデンスと自身のコンセプトを洞察し、アンダーハンドによるバトンパスを試行錯誤していった。この取り組みは、まず「オーバーハンドパス信奉者」であった選手らの説得や、指導書を見直すことから始められ、アンダーハンドパスの欠点の克服へと向かっていった。その困難さにも動じず、彼はアンダーハンドパスに挑戦し続けた。

②アンダーハンドパスの実践と世界的称賛

　そして、佐久間コーチが指導する順天堂大学短距離チームは、アンダーハンドパスを実践し、改良を加えていく中で、国内の主要大会（日本学生対校選手権、関東学生対校選手権、日本選手権）で成果を上げていった。強豪大学（チーム）が取り組み、成果を示すことで、自ずとアンダーハンドパスは注目を浴びることになる。その後も、多くの有能な選手・コーチ・研究者がその技術を受け継ぎ、オリンピックや世界選手権でのメダル獲得という歴史的快挙を成し遂げていくことになる。

　短距離走の弱小国だった日本代表チームの偉業は度々、世界からも称賛されている。2016年のリオデジャネイロオリンピック男子4×100mリレーで達成された日本チームの銀メダル獲得という快挙を記憶している人も、多いだろう。このとき、優勝したジャマイカのアンカー・U.ボルト選手は、記者会見で「日本はチームワークがいい。この数年、彼らを見てきたが、彼らのバトンパス（アンダーハンド）は、いつも素晴らしい。われわれより、はるかにたくさんの（バトンパス）練習をしていて、チームメイトを信頼している」と賞賛した。

　世界主要大会における度重なる4×100mリレーの快挙は、少なからずわが国の短距離種目（100m）のレベルアップにも貢献している。9秒台スプリンターを4人も輩出するまでになったことは、ご存知の通りである。

③アンダーハンドパスのメカニズム

　世界の主要大会で、バトンパスの巧拙が雌雄を決することは度々あった。しかし、これほどまでにバトンパスの方法が勝敗のカギを握るほどになるとは、多くの人が思いもよらなかっただろう。

　バトンパスが行われるバトンゾーンは、20m（2018年より30mに変更）である。したがって、3か所のバトンゾーン距離の合計は、400mの1/7程度の60mである。4人の走者個々の疾走能力が高ければ、4×100mリレーでそのチームが勝てる可能性は高くなる。チームの疾走能力に圧倒的な差があれば、尚更である。なぜなら、4×100mリレーでは、3か所のバトンゾーン（20m×3）でバトンの受け渡しがあるにせよ、4人がそれぞれバトンを持ち、1人で疾走する区間は、400mのほぼ6/7の距離に相当する340mにもなるからである。したがって、バトンパスでよほどのこと（バトンパスの大きなミス）がない限り、疾走能力の劣るチームが優れているチームに勝つことはない、と信じられていた。

　それに加えて、アンダーハンドパスには、オーバーハンドパスに比べて、利得距離が短く、バトンを握り直さなければならない、あるいは持ち替えなければならない、といった不利な点が散見されていた。そのために、バトンパスは、大きなミスをせず、長い利得距離を得ることのできる方法（オーバーハンドパス）でバトンを無難に受け渡しすれば良い、と考えられていたのである。

　しかし、研究や実践を通じて、両走者がパスの際、肩の位置まで腕を上げて利得距離を稼ぐオーバーハンドパスに大きな優位性が認められなかったことが明確になった。そして科学的な検証はむしろ、利得距離が稼げなくとも、無理のない自然な疾走動作でスムーズに完了させるアンダーハンドパスは、オーバーハンドパスに比べて、バトン受け走者の加速を削がない方法であることを証明してくれた。

　一方、バトンを握り直すか、持ち替えるというアンダーハンドパスの重大な欠点は、佐久間コーチの「発想の転換」、すなわち「パスのときに渡し走者の手の平を上に向けること」であっさりと解決された。彼は、科学に

よって導かれたエビデンス（理論）と自身のコンセプトを洞察した上で、アンダーハンドによるバトンパスの実践を試行錯誤し、問題点を解決した。常識を疑い、科学と実践で、見事に既成概念を突破したのである。

④Thinking outside the box＝型にはまらない考え方をする

　アンダーハンドパスの挑戦が始まった1990年代半ばに、当人たちも含め、誰が将来の日本4×100mリレーがこれほどまでの躍進を遂げると考えただろうか。おそらく、誰も予想しなかったであろう。

　2001年から日本代表チームは、アンダーハンドパスを採用した。それから20年、日本代表チームは、主要な世界大会（オリンピックや世界陸上）で4つのメダルを獲得するに至った。そこには、たゆまぬスタッフの献身的な科学的サポートと、勝負の舞台での日本代表選手・コーチの決断と勇気があった。わが国で改良が重ねられたアンダーハンドパスは、今や日本リレーの特技となっている。リレー競技は、日本人が古くから重んじている協調性（団結力）の文化に打ってつけなのかもしれない。

　「科学による説得力」と「ヒトの洞察力」の協働によって、古くに用いら

（月刊陸上競技社より提供）

写真8-1　改良されたアンダーハンドによるバトンパスの手順

れていたアンダーハンドパスは再生された。物事を解決しようとするとき、理論と実践のズレが必ず生じる。こうした問題点を数値で解き明かすことは、意外に容易い。しかしながら、実践段階になると、うまくいかないことがしばしば出てくるものだ。そんなときには、試行錯誤を繰り返すと良い。既存の枠組みにとらわれずに、物事を考えれば、新たなアイデアが生まれるだろう。

　新たなアンダーハンドパスは、これまでとは異なる見方（＝創造）によって生まれた。既成概念の突破を通して生まれたバトンパスの技術変革は、「走者」ではなく、「バトン」に着目した「Thinking outside the box（既成概念にとらわれない考え方をする＝創意工夫)」の創造的な思考にあったのである。

4. ドーピングとアンチドーピング

①ドーピングとは?

　「ドーピング（doping）」は、南アフリカ共和国の原住民カフィール族が祭礼や戦闘で士気を高めるために飲んでいた「dop（ドップ)」という強い酒が語源であると言われている。これが、英語で「dope」となり、麻薬や興奮剤と訳されるようになった。そしてそれは、スポーツの現場で「薬物を使ってパフォーマンスを向上させる行為」という意味で使われるようになった。

　「世界アンチ・ドーピング機構（WADA：World Anti Doping Agency)」では、ドーピングとは、「競技力を高めるために薬物を不正に使用すること」としている。具体的には、ドーピング検査で禁止物質が検出された場合、禁止薬物や禁止法の使用が証明された場合、ドーピング検査を拒否した場合、公正なドーピング検査を妨害した場合、あるいは監督・コーチなどの関係者が競技者へドーピング規則違反を行った場合などに適用される。

　ドーピング検査の本来の目的は、ドーピングをしている選手を摘発する

ことではなく、クリーンな選手の権利を守ることにある。スポーツの勝利者は、ルールに則ったフェアな戦いであるからこそ、称賛される。ドーピングを許容していたのでは、スポーツの価値自体が否定されることになる。またドーピングは、選手の健康を害し、社会的にも悪影響を及ぼす。今の時代、スポーツが社会に及ぼす影響は、決して小さくはない。それらを踏まえ近年、スポーツ界のみならず社会全体でアンチ・ドーピング（ドーピングを禁止し、根絶する）活動に取り組んでいく必要性が強調されている。

②ドーピングの歴史

■19世紀後半から始まったヒトのドーピング

　ドーピングは、古代ローマの二輪馬車競技で、馬に蜂蜜と蒸麦と水を与えたのが始まりとされている。ドーピングの起源は、「馬」が対象であったのだ。そして19世紀後半になると、競走馬に対して本格的に薬物が使われるようになった。

　一方、ヒトへのドーピングも、同じ19世紀後半から始まったとされる。初期のドーピングは、興奮剤や強心剤などが主流だった。闘志を燃やすだけでなく、プレッシャーに負けない効果を期待してのことだったのだろう。そうした中、1886年にはフランスで開催された自転車レースで、選手が薬物の過剰摂取により命を落とす。これが、記録に残る人類最初のドーピングによる死亡例である。さらに20世紀に入ると、自転車競技だけでなく、ほかの競技種目にもドーピングが徐々に広がっていった。

　1960年のローマオリンピックでは、興奮剤を使用した自転車選手が死亡した。このことから、ドーピング問題が一気に表面化し、1964年の東京オリンピックでもドーピング問題が議論された。このとき、世界の科学者と国際オリンピック委員会（IOC）の間で、アンチ・ドーピングに向けた共通認識が生まれたと言われている。そして、4年後の1968年のグルノーブル（冬季）、メキシコ（夏季）のそれぞれのオリンピックで、IOC（国際オリンピック委員会）が初めての薬物検査を行うことになる。

■1960年代頃から主役は筋肉増強剤へ

ドーピングは1960年代頃から、その主役が筋肉増強剤に移る。東欧圏の選手から広まったとされる筋肉増強剤は、その後、西側諸国でも使われるようになる。筋肉増強剤は、パワー系の陸上競技の短距離走、投擲、重量挙げといった種目のアスリートに使用されていた。これに対して、持久力系の陸上競技の長距離走、自転車競技（ロード）などの種目では、新鮮な血液を直接注入するという血液ドーピングが用いられていた。

1970年代頃からは、国家やチームといった組織レベルによる禁止薬物の使用が明らかになっていく。しかし、ドーピング検査で禁止薬物を検出する技術が追いつかなかったり、検査体制が不備であったりして事実上、実効力のある対応は、困難であった。そしてその後、1976年のモントリオールオリンピックで筋肉増強剤の検査が、1988年のソウルオリンピックで血液ドーピングの検査が、それぞれ初めて導入された（**図8-4**）。

■不正者と検査機関のイタチごっこ

ようやく検査技術・体制が追いついたのは、1980年代後半頃と見られる。そんな中、ソウルオリンピックで、最も衝撃的なドーピング事件が起こる。

ドーピング検査の手順

❶検査対象者への通知　1時間以内に検査室へ出頭

❷尿の採取

❸尿の分割　50ml　25ml　A　B

❹容器の封印　A　B

❺書類作成・服用薬の申告

❻書類の控えを受取　控

（「日本オリンピック委員会アンチ・ドーピング―夏の勝利者をめざして―1994」などをもとに作成）

図8-4　ドーピング検査の手順

カナダのB.ジョソン選手が陸上競技の男子100mで9秒79の驚異的な世界記録で優勝したその3日後、筋肉増強剤の使用が発覚し、金メダルが剥奪され、世界記録まで抹消されたのである。ドーピングという、これまでに聞き慣れなかった言葉を世界中の人々が知るきっかけにもなった。

そして、その10年後の1998年には、世界最高峰の自転車ロードレースと言われるツール・ド・フランスで、警察の捜査によって選手やチーム関係者による禁止薬物の所持・使用が発覚し、根深い薬物汚染の構図が明るみに出た。

2004年のアテネオリンピックでは、男子ハンマー投げで室伏広治選手と金メダルを争ったA.アヌシュ選手（ハンガリー）のドーピング事件が記憶に新しい。アヌシュ選手は、室伏選手を上回る83.19mで優勝した。しかし彼は、試合後のドーピング検査で、チューブにつながった風船状のゴム容器、すなわち尿の偽装器具を肛門から直腸に挿入し、そこに注射器で他人の尿を入れた。そして検査時に、チューブから出した他人の尿を自分の尿と見せかけて提出したのだ。

だが、検査機関は、提出された尿の成分データが過去に保存されている当人の尿と異なっていたことから、彼に尿の再検査を求めた。しかし、アヌシュ選手は、その再検査を拒否した。そのため金メダルは、剥奪された。この結果、後日、室伏選手が繰り上げで金メダル獲得に至る、という何ともやりきれない結末となった。

■将来的には、遺伝子を組み替える遺伝子ドーピングも可能

ドーピングで用いられる薬物は、興奮剤から始まって、パワー系種目が筋肉増強剤、持久力系種目が血液ドーピングという歴史を歩んできた。近年は、これらに代わって、もともと体内にあるホルモン（ヒト成長ホルモン：筋肉増強作用、エリスポエチン：酸素運搬能力向上）を人工的に加えるドーピングが主流になっている。さらに将来的には、遺伝子を組み替える遺伝子ドーピングも可能になると言われている。

ドーピング検査が1968年から正式に行われているにもかかわらず、ドーピングとして禁止されている薬物は年々、増えてきている。1976年のモントリオールオリンピックでおよそ30項目であったリストが、2008年の北京

オリンピックでは300項目を超えたとされる。これは、ドーピングをする側（選手）が用いる薬物が変わっていくことに対する処置である。そして、薬物が増える度、検査側は薬物を確定し、その検出方法を策定せざるを得なくなっている。

　一方で、不正者側でも禁止薬物を「抜く」ための技法や薬品が登場するなど、現在もなお依然として、ドーピング側と検査する側のイタチごっこが続いている。

③アンチ・ドーピングへの取り組み

■世界アンチ・ドーピング機構（WADA）の設立

　スポーツ界における数々のドーピング汚染は近年、世界的な問題として取り上げられ、対応できる国際的な独立機関（組織）の必要性が唱えられるようになった。

　そして1999年、「世界アンチ・ドーピング機構（WADA）」が設立された。WADAは、各国のオリンピック委員会だけでなく、それぞれの国の政府も関与している。ドーピング撲滅のために「中立性と透明性」を掲げ、これまで競技団体（種目）ごとに定められていた禁止薬物の定義、検査・分析方法、違反者への処分などについて、統一の規則を策定した。また、ドーピング撲滅に積極的でないスポーツの競技団体や地方自治体に対しても、強い発言力を持つ。

　しかし、この統一規則について、アメリカのメジャーリーグ・NBA、日本のプロ野球やJリーグなどのプロスポーツ（商業スポーツ）は、適用を義務づけてはいない。これは今後、解決しなければならない大きな課題となっており、これ以外にも多くの問題が山積している。とは言え、国際的なレベルでドーピング撲滅の機運が少しずつだが、高まってきていることは事実である。

■ロシアの大規模ドーピング不正

　そんな矢先、ロシアの組織的なドーピング問題への関与が発覚した。明るみになったのは、2014年12月である。ドイツ公共放送ARDの番組にロシ

アのY.ステパノワ選手（陸上競技）が、隠れて録音した音声や映像を提供したのだ。命がけの内部告発であり、ショッキングな内容だった。それは、ロシアスポーツ界に大規模なドーピング不正行為が存在し、選手の収入の一部と引き換えに禁止薬物を彼らに提供し、ドーピング検査官とも共謀して偽テストが行われている、というものであった。国家による組織的ドーピングの実態を告発したのだった。これに端を発し、ロシアのさまざまなドーピング不正が明るみに出ることになった。

　WADAは、この不正（問題）に対し、数年の歳月をかけて調査を行い、2019年にロシア選手団を以後4年間、国際的な主要大会から除外することを決定した。それにより、2021年に開催された東京オリンピック・パラリンピックや2022年の北京オリンピック・パラリンピック、2022年のワールドカップ・カタール大会も対象となり、ドーピングと無関係であると証明できた選手のみが、「個人」としての出場を認められた。ただし彼らには、ロシア国旗・国歌の使用が認められないこととなった。

　実際、2021年に開催された2020東京オリンピック・パラリンピックや、2022年の北京オリンピック・パラリンピックでは、ロシア選手は「ロシア連邦」の代表としてではなく、個人資格の「ROC（ロシア・オリンピック委員会）」の代表として出場していた。したがって、金メダリストとなっても、彼らには国歌演奏・国旗掲揚が許されなかったのである。

■「アンチ・ドーピングの闘い」のむずかしさ

　ロシアの組織的なドーピング問題は、発覚から6年を経て、すったもんだの末、ようやく決着したかのように思われた。

　ところが、ドーピング違反については、「一部の選手とその関係者による行為」という解釈がなされてしまったのだ。国や組織（WADA、IOCなど）のさまざま思惑も複雑に絡み合うこととなり、かかった歳月の割には、ドーピングの根絶に向けて、あいまいな決着（裁定）となってしまったと言わざるを得ない。改めて、「アンチ・ドーピングの闘い」のむずかしさが浮き彫りとなったと言えるだろう。

　ロシアの不正は、これで終わることはなかった。その直後の北京オリンピックでも、またもやロシアのドーピング禍の深い闇を国際社会にさらす

ことになったのだ。フィギュアスケートに出場したロシア・オリンピック委員会代表のK.ワリエワ選手から、オリンピック前の2021年末の大会で禁止薬物のトリメタジジンが検出されたことが判明した。当該選手のオリンピック出場の是非は、スポーツ仲裁裁判所（CAS）の判断を仰ぐ事態となった。この問題は、ワリエワ選手や彼女のコーチらの選手の体調管理の拙さという単純な構図ではない。これまであらゆる競技のスポーツ界を揺るがしてきたロシアの薬物汚染の実態が背景にある、と言って良いだろう。

④ドーピングとの闘い

■「強くなるなら命を掛けても良い」と考えるアスリート

アメリカの研究機関が世界のトップアスリートを対象に行った調査によれば、「この薬を飲めば金メダルが必ずとれる。しかし飲めば、5年後には必ず死ぬ。あなたは、そんな薬があったら飲みますか？」という質問に、52%が「YES」と回答したという。これが、世界のトップアスリートの現実である。

なぜ、ドーピングはなくならないのだろう。それは、メダルが獲れれば、富や名声が得られるからである。一生かかっても稼ぐことのできない報酬が得られる、ヒーロー・ヒロインとして扱われる、そんな夢のような生活が待っているからだ。そのためには、手段を選ばない、強くなるためには命を掛けても良い、ということなのだろう。

だが、公式プール（50m×15m）に垂らしたスポイト1滴の物質を検出できる能力を持つというドーピング検査を、たった1人の選手の知識だけでクリアできるはずがない。その陰には、選手をとりまく組織的ドーピングの実態がやはり見え隠れする。禁止リストに入っている成分を含む栄養補助剤、風邪薬や塗り薬などを使用するうっかりミスや特異体質などを除けば、間違いなくドーピング違反者は確信犯である。

しかしながら、競技スポーツの真の姿は、自己の可能性への終わりなき追求であるべきである。真のぶつかり合いがなければ、競技スポーツは面白くない。その種目の絶対王者と言われている選手であっても、必ず勝て

るとは限らない。それは、オリンピックを見ていれば、良くわかる。しかしながら、だからと言って選手らは必ず勝てるという保証を「薬物」に求めてはならない。

■「抜き打ち検査」「生体パスポート」など、WADAによる対策の強化

トップアスリートになると、WADAに対して365日間、滞在先の提出が義務づけられている。そして、そこに検査側が出向いて、抜き打ちのドーピング検査を行われることも少なくない。また近年では、選手の血液成分を定期的に採取・記録することでドーピングによる生体変化を読み取る「生体パスポート」制度も導入されている。

さらに、WADAは2014年、採取した検体の再検査のための保存期間を従来の8年間から10年間に延長することも決めた。巧妙化するドーピングの対策の一つで、現在は検出できない新種の薬物であっても医学技術の発達によって将来、摘発できるようにするための措置であるとも言える。

実際、2018年にWADAは、2008年の北京オリンピックの陸上競技男子400メートルリレーでジャマイカが獲得した金メダルをはく奪する、と発表している。すなわち、同オリンピックのドーピング再検査により、リレーメンバーだったN.カーター選手から禁止薬物の興奮剤が検出され、失格となったのである。なお、そのときは銅メダルだった日本が銀メダルに繰り上がる事態となった。

■「遺伝子ドーピング」の登場

また近年では、最も懸念すべき事態が問題化する、とささやかれている。それは、遺伝子ドーピングである。

従来のドーピングの代表例は、筋肉を増強させるステロイドや興奮剤の使用といった「薬物」によるドーピングや、筋肉への酸素運搬量の増加を目的として輸血を行う「血液ドーピング」などであった。

これに対し、遺伝子ドーピングは、ある特定の遺伝子を体内に導入して、その遺伝子量（＝たんぱく質量）を増やす、というものである。これは本来、根治困難なさまざまな疾病（がん、AIDS、先天性の遺伝子疾患など）の治療のために急速に進歩したゲノム編集技術（科学技術）を、「人体の改造」に悪用しているものと言える。従来の薬物ドーピングと異なり、痕跡

を残さずに選手を「デザイン」できる点で悪質である。

　遺伝子ドーピングは、ヒトの身体に生来備わっているメカニズムを利用するため、その検出が困難であり、しかも従来のドーピング手法に比べ、より確実に選手の運動能力を引き上げることができる、とも言われている。遺伝子ドーピングは、技術的には充分、実現可能と考えられている。

　遺伝子ドーピングへの対策が一筋縄ではいかないことは、WADAも認識している。WADAは現時点では、遺伝子ドーピングについて、違反となる遺伝子やたんぱく質をあえて特定せず、競技能力を高める手法として禁止しているに過ぎない。

　いずれにしても、ここまでドーピング検査体制を厳格にしなければ、フェアに戦えないというのは悲し過ぎる。だが、ドーピング問題は、アスリートだけでなく、われわれにも「スポーツと何か？」という問題を改めて投げかけている。スポーツにおける倫理とスポーツ観の転換が不可欠と言えるだろう。

5. テクノロジーの発展と人間の真価

①テクノロジーと競技スポーツの進化

■その可能性を活かすのは、携わる「人」次第

　近年の科学技術（テクノロジー）の発展は、めざましい。

　しかし、どんなに優れたテクノロジーが発現しても、どのようにその可能性を引き出し、実践の場で活用していくかは、それに携わる「人」次第である。アスリートは、やみくもに科学に翻弄されてはならない。科学者、アスリート、コーチらに求められることは、優れたテクノロジーを「正しく」用いることである。競技ルールの範囲内で、テクノロジーを使いこなし、持っている体力・技術の能力を向上させ、パフォーマンスを最大限に発揮し、ヒトの無限の能力を引き出すこと、それが彼らが取るべき崇高な行為である、と指摘しておきたい。

とは言え、スポーツの記録更新や驚異的なパフォーマンスが、道具や用具の進化にも支えられていることは、事実である。どんな競技でも50年前、100年前の映像と比較すると、スピード感、力強さ、躍動感などの面で、現代のアスリートのほうが格段に優れている。例えば最近では、2020年正月の箱根駅伝で出場選手（210人）のうち、約85％が「厚底シューズ」を着用して、多くの区間で新記録を連発したことが記憶に新しい。そして2022年には1区、9区、10区で区間新記録を生んだ。その箱根駅伝での全10区間の歴代1位記録が「厚底シューズ」によって樹立されることになった。

　ソール（靴底）の厚さが約4cmというその「厚底シューズ」は、2016年に開発され、その後、繰り返し改良が重ねられてきた。航空宇宙産業で使用される軽量で反発力のある特殊素材にカーボンブレードを挟んだソールによって、地面からの推進力が増す構造となっている。その効果は素晴らしく、最近の世界における主要マラソン優勝のほとんどは、厚底シューズ着用者で占められている。

　だが、厚底シューズの効果を引き出すためには、それ相応の筋力（体力）や走る技術が必要とされている。したがって、一般のランナーが履きこなすことはむずかしい、と考えられている。充分なトレーニングを積んだトップランナーが使用することによってのみ、パフォーマンスのさらなる向上が導き出されることになるのだ。

　ところが、厚底シーズの優位性が明らかになったことから、世界陸上競技連盟は2020年、ソールの厚さを4cm以内とし、反発力を生むブレードの使用を1枚までとする規制をかけることにした。

■限界を超えようとする人の「意思」と「創意」

　歴史上、道具・用具の性能が記録に与える影響が最も大きいと考えられる種目は、ポール（棒）を使って跳び、その高さを競う陸上競技の「棒高跳び」と言って良い。その世界記録は、ポールの材質の変化とともに、更新されてきた。

　軽量で頑丈でしなやかなグラスファイバー（ガラス繊維）製のポールの登場は、世界記録を一気に向上させた。一方、ポールの高い位置を持ち、その材質の反発力を使って跳び上がる棒高跳びは、アスリートにさらなるパ

ワー（体力）を求めた。さらに、その跳躍技術をも変え、バーを跳び越す
ときに体操選手のような高度な「身のこなし」を要求するようになった。
ポールの改良は、棒高跳びをより難易度の高い種目へと引き上げ、それに
よって、ヒトの身体能力の可能性を広げることになったのである。ヒトの
限界は、どこにあるのだろうか。

　同様のことは、体操競技にも見られた。1972年のオリンピック・ミュン
ヘン大会において塚原光男選手は、鉄棒のフィニッシュで「月面宙返り」
を国際舞台で初披露した。後方抱え込み2回宙返りに、ひねりを組み合わせ
た独創的な演技（技）で、世界中を驚かせた。その月面宙返りからおよそ
50年、鉄棒はミュンヘン大会の頃より、位置が高くなり、よくしなるよう
にもなった。また、床のマットも柔らかく、スプリングが入って弾むよう
になった。一方で、それらの道具や用具の改良によって、ことさらに卓越
した高度な技術（空中姿勢を変化させたり、回転・ひねりの数を増やすこ
と）が、以前よりも要求されるようになった。そして、体操競技選手の離
れ業は年々、進化を遂げ、その難易度も格段に上がっている。

　そうした中、国際体操連盟（FIG）は2017年、技の高難度化に主眼を置
く流れに歯止めをかけ、「演技の正確性や美しさ」を重視する採点基準へと
舵を切った。正しく・美しい演技に対する評価が疎かになっていたことを
是正しよう、という動きであろう。

　人が「美しさ」を求めることは、人が人としての「理想のあり方を求め
ている」ことに等しい。技の難易度の向上は、用具改良によるところが大
きいが、この「美しさ」への追求は、人間にのみ与えられた領域なのかも
しれない。

　新しい道具や用具を使いこなすには、鍛え上げた人間の体力と技術の進
化が必要不可欠である。その進化を導くのは、限界を超えようとする人の
「意思」と「創意」にあることを忘れてはならない。どんなにテクノロジー
が発達しても、競技スポーツの主役は、「人」なのである。

②競技スポーツの本質や価値——「理論と実践の統合」「人間形成」

　今や、トップアスリートの高みへの挑戦に、科学の活用は欠かせない。さらなるパフォーマンス発揮（競技スポーツの向上）は、ここまで述べてきたように科学者、アスリート、コーチの協働作業によって達成されているのだ。

　理論（科学）と実践の統合は、「トレーニング、競技現場での経験、情報・観察、問題提起、仮説をもとに、合理的な事象を追求し、エビデンスとして確認する、というサイクルを繰り返し、また新たな発見をすることによって、パフォーマンスの向上を図ること」に寄与する。これこそが、人にしかできない行為であり、人はそこから学ぶのである。

　われわれは、競技スポーツの本質や価値が人間形成にあることを常に念頭に置かなければならい。人は、常に進化し続けなければならない。科学の進歩と同等の人間社会の進化がなければ、人類は滅びるしかない。われわれは、科学と共存し、未来に挑戦し、知恵を創出していかなければならないのである。

第9章
スポーツの未来学

1. スポーツは文化

①スポーツ基本法に見る「スポーツ」とは?

　スポーツ基本法の前文では、スポーツが次のように規定されている。

　「スポーツは、世界共通の人類の文化である。スポーツとは、生涯にわたり、心身ともに健康で文化的な生活を営む上で不可欠である。またすべての国民は、その自発性、関心、適性などに応じて、安全かつ公正な環境で、日常的にスポーツに親しみ、スポーツを楽しみ、または支える活動に参画することができる。スポーツは、次代を担う青少年の体力を向上させるとともに、他者を尊重し、これと協同する精神、公正さと規律を尊ぶ態度や克己心を培い、実践的な思考力や判断力を育むなどの人格の形成に大きな影響を与える。またスポーツは、人と人との交流および地域と地域との交流を促進し、地域の一体感や活力を醸成し、人間関係の希薄化等の問題を抱える地域社会の再生に寄与する。さらに、スポーツは、健康で活力に満ちた長寿社会の実現にも不可欠である」

　そして、このスポーツ基本法の理念を具体化し、今後のわが国のスポーツ施策の具体的な方向性を示すスポーツ基本計画には、次のような記述がある。

　「スポーツは、身体を動かすという人間の本源的な欲求に応え、精神的充足や楽しさ、喜びをもたらすという内在的価値を有するとともに、青少年の健全育成や、地域社会の再生、心身の健康の保持増進、社会・経済の活力の創造、わが国の国際的地位の向上などの国民生活において多面にわたる役割を担う」

　つまり、スポーツは「人類共通の文化」であり、生活に影響を及ぼすも

のなのである。

②人間が人間らしい生活を送るために編み出してきた産物としてのスポーツ

　広辞苑によると「文化」とは、「人間が自然に手を加えて、形成してきた
物心両面の成果」となる。すなわち、「文化」の解釈は、「人間が人間らし
い生活を送るために編み出してきた産物」となるだろう。その「産物」の
一つにスポーツが存在する。そして、「スポーツ文化」とは、「スポーツを
する、みる、ささえることによって、快適で心地良い豊かな人生を送るた
めの財産」と言えよう。

　この「スポーツ文化」を醸成するには、スポーツがわれわれの生活の一
部として、そしてそれが個々の一生に息づいていることをまずは理解する
ことが大切だ。スポーツへの「気づき」と「学び」が欠かせないのである。

2. スポーツと健康長寿社会

①スポーツによる医療費・介護費の抑制効果への期待

　日本では現在、世界に例を見ないほど、急速に高齢化が進んでいる。東
京オリンピックが開催された2021年には、65歳以上の高齢者が総人口の1/3
を占めることになった。今後、生活習慣病に起因する医療費や介護費の増
加がさらなる大きな社会問題となってくることは、想像に難くない。すで
にわが国の国民医療費は、年間で約42兆円に達している。

　そんな中、スポーツは、楽しみながら適切に継続し習慣化することによ
り、生活習慣病の予防・改善とともに介護予防を促し、健康寿命の延伸や
社会全体での医療費や介護費の抑制に貢献できるコンテンツとして、期待
が寄せられている。スポーツは、心身の健康の保持増進に重要な役割を果
たし、健康で活力に満ちた長寿社会の実現にとって、不可欠なのである。

　最新の調査研究においても、スポーツや運動の実践が人の心や体にポジ

ティブな影響を及ぼして、結果として、生活習慣病や要介護認定のリスクなどを遠ざけ、社会保障費の適正化（医療費や介護費の抑制や削減など）に寄与する可能性があることが報告されている（**図9-1、9-2**）。

　超高齢社会においては、平均寿命のうちの健康寿命の割合をいかに大きくするかが重要であり、そのための中年期と高齢期への実効的な対策や施策の展開が急務となっている。すなわち、理想は「生涯を通じて健康！」である。高齢期になってからの施策だけでは、いささか遅いのである。「幸齢化＝幸せに年齢を重ねる」という視点から、わが国が抱える喫緊の問題に迫りたい。目指すは、生涯を通じての積極的な「からだ」と「こころ」の健康づくりである。

　高齢化は、日本を含め、これから世界でも深刻な問題となっていく。2060年には、世界の約100か国が今の日本の高齢化率に迫るとされている。この課題に立ち向かうために、増加する高齢者ができる限り長く、健康的で心豊かな生活を送ることができるように、「健康寿命」の延伸を図っていくこ

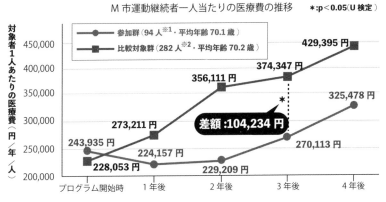

運動プログラムを数年間継続すると、医療費の抑制効果がある

M市運動継続者一人当たりの医療費の推移　　*:p＜0.05（U検定）

※1 参加群228人中4か年継続で国民健康保険の被保険者であった者
※2 運動群との比較のために、性・生年及び総医療費を合わせ、国民健康保険4か年継続加入者から3倍の人数を抽出

（株式会社つくばウエルネスリサーチより）

図9-1　運動プログラムによる医療費の抑制・削減効果

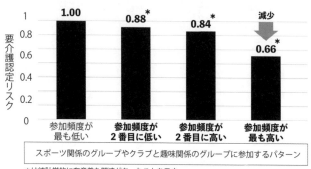

スポーツや趣味活動の参加が多いと
要介護認定リスクが34%減少

* は統計学的に有意義な関連があったことを示す。

（大阪市立大学大学院生活科学研究科 鵜川重和
日本老年学的評価研究機構JAGES プレスリリースNO:234-20-5）

図9-2 スポーツや趣味などの「社会参加」による要介護リスクの減少効果

とが重要になる。わが国は、世界に先駆けた課題解決モデルの発信の場として、超高齢社会という課題にチャレンジする必要があるのだ。

② 「スポーツトロジー」や「Sport in Life」の試み

　このような背景の中、「国際スポーツトロジー学会」が設立され、2011年にわが国で第1回学術集会が開催された。
　「スポーツトロジー（Sportology）」とは、「スポーツ（Sport）」に、「学問（ology）」をつなげた造語である。スポーツトロジーは、新しい概念であり、スポーツにより、心身の健康を保持増進して、健康で活力に満ちた長寿社会を実現させるための学問である。2025年には、団塊の世代が後期高齢者（75歳以上）になる。これまでにも増して今後、多くの世代が健康への関心を深めるだろう。そして、科学的な根拠にもとづいた運動が健康増進や疾病予防に与える影響についても、興味を持つようになっていくと思われる。スポーツトロジーは、このような知的欲求・好奇心に応えてい

「プレメディカル」という考え方の提案

スポーツによるウェルネス促進

　人の心身の健康状態は順に、健康／未病／疾病に区分される。これまで人の健康に関しては、主に医療サービスが疾病やけがの治療、一部の未病の予防という役割を担ってきた。

　しかし、これからの社会においては、治療を中心とした「医療」の枠組みから、もう一歩踏み込んだシステムの構築が必要となってくる。すなわち、医療にかかる前に「健康体でのウェルネス促進」を図る、という取り組みである（図①）。これを筆者らは、「プレメディカル構想」と呼んでいる。

　プレメディカルとは、疾病やけがの予防等を医療に委ねるのではなく、誰もが無理なく続けられるスポーツ（身体活動）を通じ、健康な状態を維持しようとする取り組みである。そしてその眼目は、「からだとこころの積極的な健康づくり」の提供である。

　人生の目的は、人々とのふれあいの中で、「自己実現」を図ることである。そのためには、まず生涯にわたる心身の健康体力の保持・増進が基盤になる。つまり、健康や体力の獲得は、人生を豊かにするための手段であって、人生の目的ではないのである。いわば、「健康づくり＝幸せづくり」の視点が必要である。

　ここで重要な役割を果たすのが、「プレメディカル」の発想だ。すなわち、多くの人が自らの心身に高い関心を持ちながら、スポーツを中心としたさまざまなサービスを主体的に選択できる健康づくりシステムの構築である。そのような仕組みが超少子高齢社会には望まれる。

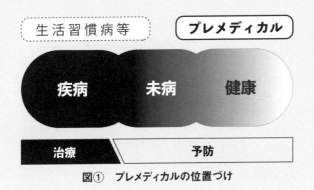

図①　プレメディカルの位置づけ

くことになるはずだ。

　またスポーツ庁は、関係省庁と連携しつつ、スポーツを通じた健康増進を図り、それによって健康長寿社会を実現することを目指して、国民に対し、さまざまメッセージを発している。その一つに「Sport in Life」という取り組みがある。この取り組みでは、「運動（スポーツ）をする」を身近にし、国民に運動習慣が定着することを呼びかけている。「Sport in life」では、さまざまな目的で行われる身体活動すべてを「スポーツ」と見なし、あえて「スポーツをする」というハードルを下げているのである。

　「病気になってから、初めて知る健康の有難み」では困る。病を患って、床に臥してから「どんな治療をするのか」を考えるのではなく、「どんな予防（対策）を立て、実践し、医者いらずにするか」が重要である。医療費などを削減し、健康寿命を延伸させる最も有効な対策とは、生涯を通じてのスポーツの習慣化にある、ということである。

　「スポーツと健康長寿社会」における今後の課題は、「いかにして、できるだけ多くの人に運動（身体活動）を定着させるか」である。未来ある社会に向け、スポーツの果たすべき役割は大きいのだ。

3. スポーツとまちづくり

①「活力ある日本社会」を維持するために──

　わが国には、少子高齢化に伴い、都市や地方における人口の一極集中（過密化）や急減（過疎化）、生きがいと働きがい、生産性の向上といったさまざまな課題が存在している。それぞれの課題に対応しつつ、地域（まち）がそれぞれの特徴を活かし、自律的で持続的な社会を創生することが急務となっている。縦割を脱し、産官学が一体となって、人口減少を克服し、将来にわたって成長力を確保した「活力ある日本社会」を維持しなければならない。

　スポーツには、人と人との交流やまちとまちとの交流を促進し、地域社

会の一体感や活力を醸成するとともに、「人間関係の希薄化」という問題を抱えるコミュニティ社会の再生に寄与する役割や機能がある。「スポーツの力」を活用したまちづくりは、それぞれの地域が抱える課題解決のため、継続的な取り組みとならなければならない。それがまさに「スポーツレガシー」となる。

人口減少を克服し、将来にわたって成長力を確保し、「活力ある日本社会」を維持するために実施されている国の施策に「まち・ひと・しごと創生」という取り組みがある。地域社会を創生するため、「稼ぐ地域をつくるとともに、安心して働けるようにする」「地方とのつながりを築き、地方への新しいひとの流れをつくる」「結婚・出産・子育ての希望をかなえる」「ひとが集う、安心して暮らすことができる魅力的な地域をつくる」という4つの基本目標（「まち・しごと・ひと創生総合戦略」2015年）のもと展開される政策である。

未来のまちには、子ども、勤労者、高齢者、障がい者など、すべての人々にとって、住みやすい環境が整備され、あらゆるニーズに対応し、豊かな生き方ができるように成熟していくことが期待される。新規・修復事業によるまちの経済の活性化、インフラ整備など、どれも重要な課題である。

②無形の財産を育む「スポーツによるまちづくり」

これらと同様に大事なことは、「スポーツによるまちづくり」＝「スポーツの力で人々の生き方を豊かにして、無形の財産を遺す」ということではないだろうか。すなわち、スポーツの力を端緒として、「まちを変える」ということである。もちろん、それには長い目で見た社会変革が必要だ。

スポーツには、心と身体を健やかに育む力がある。健康であれば、老若男女、誰もが目標や夢に向かって進むことができ、前向きになれる。また、そのプロセスで生まれる多くの人との触れ合いや絆が、その人の生き方をより豊かにしていってくれる。そこに、さまざまな「無形の財産」が生まれてくるはずだ。その財産とは、それぞれどんなことでも構わない。それらを後世へと引き継いでいけば、まち全体に大きな活力のある遺産が生ま

さまざまな分野の叡智の結集

「プレメディカル構想」の実現のために

　人生の目的は、人々とのふれあいの中で、「自己実現」を図ることにある。そして、人生の目的（自己実現）を達成するためには、まず心身の健康体力の維持・増進を図ることが基盤になる。つまり、健康や体力の獲得は、人生を豊かにする「手段」であって、人生の「目的」ではない（**図②**）。健康づくりは、あくまでも幸せづくりの「資源」である、という視点や捉え方が必要である。

　コラム1（165ページ）で示した、積極的なスポーツ（身体活動）によって健康体力を高め、病気にならない・けがをしない、快活なライフスタイルをスポーツによって生み出す「プレメディカル構想」の実現は、「身体を動かす」アプローチだけでは達成不可能である。ここに欠かせないのは、その快活なライフスタイルを実現するための「学際的な視点」である。例えば、子どもの頃から「人とともに楽しみながら、自己実現を図る生き方」を意識化させるためのシステムを複数の領域からアプローチして構築していくといった具合だ。それには、「環境要因」「個人要因」「社会要因」という3つの要因が考えられる。

　まず、「環境要因」を考えてみる。地域の特色（シンボル）を活かした広義での「居住環境」の整備が求められる。それは例えるなら、人々が自ずと活動したくなるような、スポーツの実践に相応しい魅力あるまちにするための環境や条件を整えることである。例えば、安全で快適な自転車道、ウォーキング中も道すがらの景色が楽しめる街路樹や歩道の整備、みんなで安全にスポーツに興じることのできる公園や施設の整備…など、ハードの構築が挙げられるだろう。ここに、筆者が籍を置く不動産学（都市計画）が果たす役割がある。

　次に、「個人要因」であるが、これには2つの領域の分かち難い連携が必要になる。まずは心身の健康づくりに関わる「健康科学」、そして、その領域へのモ

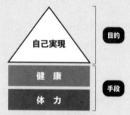

図②　自己実現の基盤となる健康・体力

チベーションやストレスケアなどに関わる「行動科学」である。具体的には、個々にふさわしい健康づくり（スポーツなど）の実践、それへの動機づけや心理的な負担を軽減することなどのサポートである。例えば、スポーツを継続しようという気持ちを盛り上げるために自己達成感が得られる方策——身体活動量の数値化、スポーツを実践したことに対するポイントの付加、心身の変化への気づき（自覚化）などが考えられよう。また、それらをより促進するためのIT利活用やアプリ開発なども挙げられる。一方、過度なストレスのためにスポーツが継続できない、あるいはスポーツが必要だというプレッシャーが負担となるケースなどでは、ストレスマネジメントや一人ひとりの個性を尊重したオーダーメイド型の支援も提供されなければならない。

　最後に、「社会要因」であるが、これには「ソーシャル・キャピタル」の活用が有効である。言い換えれば、「地域社会における人と人の深いつながり」ということである。それは、あらゆる世代が身体を動かし、心を通わせ、仲間をつくること、と言い換えられる。例えば、日常的にスポーツが楽しめるコミュニティの形成、またトップスポーツと地域スポーツの連携などが考えられる。そのような関わりの中で、老若男女がつながりを形成するのだ。

　このような豊かなソーシャル・キャピタル（地域社会）が、世代を超えて心身の健康づくりを継続させ、地域全体の健康水準を高めていくことになるのではないか。すでに健康科学領域からは、人々の関わりや結びつきが強い地域では、生活習慣病や要介護の発生率や死亡率が低くなるといったエビデンスが報告されている。社会学やその他の学問領域からの有意義な提言も望まれる。

　このようにプレメディカル構想には、不動産学（都市計画）、健康科学（健康・体力）・行動科学（行動変容）、社会学（ソーシャル・キャピタル）からなる複合領域（分野）による協働アプローチの結集が不可欠なのである（**図③**）。

個人要因
●スポーツ活動に対する自己達成的モチベーションの向上
●身体活動量・健康指数の数値や感覚の可視化、自覚化、
　　　ポイント化を促進する IT 利用やアプリ開発 など
社会要因
●人々の深いつながり
●総合型地域スポーツの充実
●トップスポーツと地域スポーツの連携
　　　（スポーツ・コミュニティの形成促進）など
環境要因
●自ずと活動的になるまちづくり
●地域の特色（シンボル）を生かした居住環境の整備
　　　（住宅・歩道・自転車道・公園・運動施設等）など

健康科学
（健康・体力）
行動科学
（行動変容）
社会学
（ソーシャル・キャピタル）
不動産学
（都市計画）

図③　プレメディカル構想の実現に欠かせない学際的な連携

れる。これこそが、「スポーツによるまちづくり」の本質である。

　ここで、地域に密着したスポーツイベントの開催（例：ハワイ・オアフ島で大規模に行われるホノルル・マラソン）や競技スポーツの振興（例：北海道北見市常呂町を拠点とするカーリング・チーム「ロコ・ソラーレ」の活躍）に代表されるような、「スポーツによるまちづくり」の実例を見てみよう。

■生活の一部となっている「ホノルル・マラソン」——観光や経済にも寄与

　ホノルル・マラソンを主催しているホノルルマラソン協会（Honolulu Marathon Association）は、非営利団体（NPO）で、多くのボランティアの支援を得ながら、今日まで大会を運営している。ハワイには、外から訪れる人を歓待する「アロハスピリッツ」という精神が根づいており、ホノルル・マラソンは、まさにこの精神にもとづいて開催されている大会である。また、「健康維持・増進のために日常生活の中にランニングを採り入れ、自分のペースでフルマラソンを完走する」という大会の精神によって、フィニッシュ時間の制限がないことも、大きな特色の一つとなっている。この精神は今もなお、受け継がれている。

　実際にホノルルを走ってみて実感するのは、本当に市民が年に1回開催されるマラソン大会を楽しみにしていて、しかもそれが生活の一部として定着している、ということである。沿道の住人は、独自にパーティーを催したり、ランナーたちにドリンクや食べ物を手渡したりして、温かく応援

まちを挙げて運営されるホノルル・マラソンの様子

（写真：参加者提供）

写真9-1　ホノルル・マラソンの様子

してくれる。ホノルル市に住む人々がスポーツを通じて一体となっていることに気づかせてくれる。だから、多くのランナーが「また走ってみたい」「今度は観光で訪れてみたい」と思うのだ。そして、これが大きな観光資源となり、市の活性化、経済の発展に大きく寄与していくことにもつながるのである。

わが国で開催されるマラソン大会の多くは、地方自治体や公的な組織から物理的・財政的な支援などを受けているが、ホノルル・マラソンを支えているのは、参加ランナーのエントリー料と協賛各社のスポンサー料のみである。公的な資金は、投入されていない。そして、大会をサポートすることを心から楽しみにしている大勢の市民ボランティアが、大会の準備・運営に協力しているという。

■ソーシャル・キャピタルに寄与する「ロコ・ソラーレ」──「当事者意識」

「ロコ・ソラーレ」は、平昌オリンピック（2018年）で銅メダル、そして北京オリンピック（2022年）で銀メダルを獲得した北海道北見市を拠点とするカーリング・チームである。彼女たちの世界への挑戦は、人口4,000人の北見市常呂町という小さなまちのクラブから始まった。そこには、「人と地域がつながるチームをつくりたい」という想いがあったと言われる。

まちづくりに重要なキーワードの一つに、ただ単に受け身で参加するのではなく、主体的に関わりを持って（参画）、ソーシャル・キャピタル（社会・地域における人々の信頼関係や結びつき）を形成していくことが挙げられている。どのような施策であっても、それが「一過性のまちづくり」であっては意味がない。イベントが開催されるそのときだけ、まちが盛り上がっても、まちは創生しない。やはり、「持続可能性」が担保されたまちづくりが必要となる。スポーツによって、そのまちに居住する一人ひとりの幸福度を高められ、それがまちづくりの原動力とならなければならない。まちの未来創生は、住民らの「当事者意識」の有無が大きく影響するのである。

ロコ・ソラーレとともに歩んできた常呂町のまちづくりは、カーリングをきっかけとして、クラブチームがまちの目標達成や課題を住民や行政とともに考え、解決していった点に成功の鍵がある、と言えるだろう。

これらの例では、まちの住民が主体的に「自分事」として取り組み、まち全体が誇りをもってスポーツを盛り上げていることが共通点である。こうした主体的な姿勢を持つまちが、持続可能で豊かな地域社会を形成していくのだろう。

「スポーツとまちづくり」における今後の課題は、これらのまちのように、「できるだけ多くのまちの住人が、地域に密着したスポーツに関心を持つこと」である。未来の地域社会に対して、スポーツが果たせる役割に期待したい。

4. アスリートのセカンドキャリア

①スポーツに専心し過ぎる弊害の解消

スポーツに専心し過ぎることの弊害が近年、全国の多くの大学で放置できない問題となっている。学業の大切さを認識しないまま「スポーツ推薦」で大学に入学・進学し、卒業後も競技を続けることは、引退後のセカンドキャリアに少なからず影響を及ぼすとも指摘されている（「運動部学生と学業」朝日新聞デジタル朝刊2019年12月18日）。そのため、大学スポーツ協会（UNIVAS＝ユニバス）は、学業充実の推進を大きな役割の一つと位置づけているし、スポーツ庁も、大学に補助金を出して、学業を含めた学生アスリートのキャリア形成に取り組んでいる。

また、オリンピアンやプロスポーツ選手といったトップアスリートの引退後のセカンドキャリアも、社会課題の一つとなっている。引退後のライフキャリア形成に悩むアスリートが増えることは、自身だけでなく、競技スポーツの組織や団体にとっても好ましいことではない。競技スポーツにまい進した結果、その後の人生が「さっぱり」では虚しい。これでは、スポーツを極めるアスリートが少数になってしまう。ともすれば、社会で求められているスポーツの価値やアスリートの存在意義すら失いかねない。

2021年の東京オリンピック・パラリンピックを終えたわが国では、その

後に多くの参加アスリートが現役を退くことになった。当然のことながら、異分野でのキャリアを余儀なくされるのだが、スポーツで培った「人間力」をそれぞれの分野で発揮し、ぜひ社会に貢献してもらいたい。厳しい戦いの場に身を投じてきたトップアスリートたちなら、その経験を活かしながら、次のキャリアでも活躍できるはずである。

② 「思考脳」×「作業脳」の相乗効果を生む「考える競技」を活かす

　日本でアスリートのセカンドキャリアが注目されるようになったのは、バブル崩壊後である。わが国では、企業が競技スポーツ（トップアスリート）をバックアップする体制にある。そんな中で企業の業績が悪化すれば、最初に影響を受けるのは、その企業に所属するアスリートである。

　その後も、競技スポーツはリーマンショック、自然災害による経済・企業経営の悪化の度にその影響を受けてきている。その問題をどう捉えれば良いのだろうか。

　トップアスリートたちは日々、思い、考え、悩み、どうすれば高いパフォーマンスを発揮することができるかをトレーニングや試合の中で葛藤・決断・実行している。彼らは、現役時代（ファーストキャリア）に全身全霊でトレーニングし、プレーしている。このような貴重な経験を積み重ねた事実（前提）をもってすれば、「セカンドキャリア」と正面から向き合うことができるはずだ。

　全身全霊でトレーニングし、プレーするということは、何も考えずに体力をつけて、パフォーマンスを向上させる、ということではない。すなわち、トップアスリートの競技スポーツの追求（真髄）は、単なる「筋肉づくり」などではないのだ。欧米人と比較し、体格に劣る日本のアスリートこそ、スポーツは「考える競技」を体現した存在であるということも、われわれは再認識しておきたい。

　アスリート（人）が発揮する能力（パフォーマンス）は、「思考脳」×「作業脳」の結果である。トップアスリートは、一方（作業脳：体力）を追求すると、他方（思考脳：知力）が犠牲になるというトレードオフではな

く、その両者を併せ持っている。つまり、一方のみで得られる以上の結果がもたらされる相乗効果の中で、競技生活を送っていると言える。だからこそ、トップアスリートの発する言葉には、哲学（深い思考）的な重みがあるのだ。

これこそが、真のトップアスリートたる所以であろう。

③内在的な可能性に挑戦してきた日本特有の戦術・戦略

日本人アスリートは、日本人の良さを活かしたトレーニング法によってこそ、世界と戦うべきである。勤勉さ、忍耐強さ、高い技術力、諦めない気持ち・粘り強さ、緻密さ、協調性は、世界随一であろう。このような日本人特有のパーソナリティーをトレーニング、試合で存分に活かせば、充分、世界と戦える。

いくつかの競技が示してきたように、日本人特有の戦術・戦略を駆使して、体格に優る世界の強豪と互角に戦うことは、決して不可能ではないのだ。むしろそこに、日本人だからこそ表現できるアスリートとしての価値が見出せるだろう。

つまり、それは、人に備わる内在的な可能性に対する挑戦と言える。世界トップレベルのアスリートになるためには、「人間力の向上なくして、競技力の向上なし」という考え方が不可欠であり、この言葉をセカンドキャリアに向かうわが国のトップアスリートに今一度、胸に刻んでもらいたいと思う。

一方、すべてのスポーツ関係者は、企業に頼らない競技スポーツの発展のあり方を模索していくべきときに来ているのではないだろうか。まずは、自らが新しい競技スポーツのあり方を目指していくことが必要だ。その一つの方法として、アスリートのセカンドキャリアに対する喫緊の課題である教育システムやコーチングの改革を模索していくべきである。

また、大学（中学・高校を含む）での部活動のあり方やトレーニング、試合の実践の場においても、思考脳と作業脳を併せた競技力の向上を目指す指導を心掛けていきたい。

5.　アスリートのリテラシー

①「自分」と「環境」を統合してパフォーマンスする力!?

　「リテラシー（literacy）」とは、もともとは読み書きする能力である「識字力」「読解記述力」を指していた。しかし現代では、「物事を適切に理解・解釈・分析して、適切に記述・表現あるいは整理・活用する能力」といった訳が与えられ、「理解力」「応用力」「使いこなす力」などの意味で使われるようになっている。ここでは、「アスリートのリテラシー」について、改めて考えてみたい。

　2020東京大会では、多くのアスリートが競い合う相手をリスペクトし、ともにパフォーマンスを高めていくという素晴らしい姿を見せてくれた。アスリートは、世界の檜舞台で最高のパフォーマンスを発揮するために日々、ライバルと切磋琢磨し、トップレベルならではの戦いを展開していた。トップアスリートは、高いレベルでの競い合いの中に、競技スポーツの価値を自ずと求めていたのである。

　また、競技スポーツは、敗北と勝利に伴う「挫折と栄光」「落胆と歓喜」「不運と幸運」といった実生活でも経験するような出来事を「身体性」「同時性」「連帯性」の空間の中で一度に見せてくれる。さらには、世界は広いということや、才能を持ち合わせた（素質に恵まれ、努力を怠らない）数多くのアスリートが存在するということも、改めて認識させてくれる。つまり、競技の過程で、自己の生き方を真摯に捉える、あるいは考える機会を提供してくれるのだ。それこそが、人間や社会が創り出した「文化」としての競技スポーツなのである。

　ところが、これに勝利至上主義や巨額の利益が絡むと、腐敗・不正が起こりがちだ。悪しき欲望やお金が結びついた勝利の追求は、やがて人や社会を変えてしまう。腐敗・不正は、連帯、他者の尊重、ルールの遵守、そして勇気、専心、努力、克己などという人間・社会性の崇高な行為を破壊する行為と言って良いだろう。近年のドーピング問題やアスリートを取り巻く行き過ぎた商業主義は、「スポーツとは何か？」という根源的な命題を

改めて投げかけているのではないだろうか。

　現代においては、このように競技スポーツが社会に及ぼす影響は決して少なくはない。そんな時代だからこそ、われわれは競技スポーツの本質や価値についての認識をパラダイムシフトすべきなのである。アスリートはどうあるべきかと考えるとき、今後の課題として優先すべきは、「競技スポーツでいかにして勝つか」ではなく、「なぜ競技スポーツをするのか」ではないだろうか。われわれは現に、「なぜ、トップアスリートは自らを追い込んでまでも競い合うのか」に興味を持ち、そしてそこに真のアスリートの魅力を見出している。

②応援者の感情の共振をも包摂して表現する能力こそ!

　メダルや順位にこだわらず、新しいことに挑戦していく1人のアスリートを素直に称える仲間の姿は、競技スポーツの目指すべき姿と言える。仲間と切磋琢磨するからこそ、その競技のレベルが上がり、さらにそのスポーツが発展し、面白くなる。2022年の北京オリンピックでも、多くのアスリートのチャレンジする勇気と諦めない姿が、見る者の心を揺さぶった。そして、人が未来に向けて進むとき、必要なことは何か、を教えてくれた。前に進もうという意志と行動が伴わなければ、人は成長できない。結果にこだわらず、自分のやってきたことを信じ、自らの個性（スタイル）を変えずに挑む姿は、われわれに人生の歩き方を教えてくれる。

　人生において、結果を出すことは大切なことであるが、それがすべてではない。結果よりも、挑戦することの意義のほうが遥かに大きい。2022年の北京オリンピックに出場したスピードスケートの小平奈緒選手は、2大会連続の金メダル獲得が叶わなかった直後のインタビューで、「成し遂げることはできなかったけれども、やり遂げることができた4年間だった」と語った。また、フィギュアスケーターの羽生結弦選手も、オリンピックでの連覇は叶わなかったが、果敢に史上初の4回転アクセルに挑んだ。

　人生の目標は、成功ではなく、成長し続けることにある。その継続から、人として生きることの意味を見出すのである。その過程において、さまざ

まな葛藤、決断、栄光と挫折、歓喜や悲哀などを経験する。それを通して、人は気づき、学び、そして成長、進化していくのである。したがって、挑戦し続ける気持ちや行動があれば、成長や進化は約束され、人生が豊かになるのだ。

　競技スポーツは、長い人生の一コマである。多くのアスリートが現役時代に「人生にはスポーツよりも大事なことがある」と銘じるのは結局、心の余裕を持つ、ということであろう。とは言え、その余裕を現役時代に持つことは案外、むずかしい。だが、スポーツとの短いつき合いは、長い人生において、必ずしも成功を約束しないけれども、成長を約束してくれる。アスリートは、決して長くはない競技生活に真摯に向き合うことにより、多くの成長の糧を得ている。

　しかし実は、それにとどまらず、多くの人や社会に少なからず影響を与えてもいる。その意味で、多くのアスリートは社会に自らの価値を示している、と言えるのではないだろうか。

　最高をつくり上げるために考え、悩み、そして勇気を持って決断し、実行していくからこそ、競技スポーツは面白い。2022年北京オリンピックのノルディック複合で銅メダルを獲得した渡部暁斗選手は、その後のテレビインタビューで、オリンピックを通じて感じたこととして、「メダルの色ではなく、自分が真剣に取り組むことで、見ている人に伝わる瞬間がある。これが（競技）スポーツの価値である」と語っていた。

　すなわち、競技スポーツ（アスリート）の価値は、「自分の持てる力を存分に出した最高のパフォーマンス」と「応援してくれる、支えてくれる、そして見てくれる多くの人々との感情の共振」なのである。

　トップアスリートは、競技スポーツに一意専心で取り組む。一方、われわれは、そこに自らの人生を重ね、勇気や希望、そして夢に向かっていく力をもらう。ここに、真のトップアスリートとしてのリテラシーがあるのではないだろうか。

6. フィジカル・リテラシー

①フィジカル・リテラシーとは!?

　前述の通り、「リテラシー」とは、もともと英語で「識字」を意味するものだが、現在では、多くの場合、「その領域や分野に関する知識やその活用能力」を指している。そうした中、スポーツ領域においても、身体活動（≒スポーツ・体育）に対するリテラシーとして、「フィジカル・リテラシー（Physical literacy）」や「スポーツ・リテラシー（Sport literacy）」といった用語が散見されるようになってきている。

　「フィジカル・リテラシー」の概念は、「生涯を通じて身体活動と関わるための動機づけ、自信、身体能力、知識、理解であり、これからの社会では、それらを社会・環境的側面に統合していくこと」とされる。つまり、われわれに求められているのは、スポーツや体育を通じて、人生を豊かにしていくために、個々の「デザイン設計」を行うことである。

　そのようなデザインする能力を教育するには、①健康に関する認識・知識、②運動するのに必要な基礎的な身体能力、③身体を動かしたい・健康になりたいという意欲・動機、④身体活動を通じた人と社会とのつながり、

（The International Physical Literacy Association May 2014を改変）

図9-3　フィジカル・リテラシーの要素

という4つの要素が必要となる（**図9-3**）。これらの項目は、多くの場合、後天的に獲得される。したがって、その項目の能力を向上させるためには、フィジカル・リテラシー教育が必要不可欠になってくる。

②日本型スポーツの教育的意義 「TAIIKU（たいいく）」と「フィジカル・リテラシー教育」

わが国では昨今、「体育」から「スポーツ」への流れが加速している。具体的には、「国民体育大会」を「国民スポーツ大会」へと名称を変更したり、「体育の日」を「スポーツの日」と改めたりしている。段々と「体育」という言葉が消えていっている。

しかし、「体育」の存在を否定することには、異を唱えたい。日本には、「体育」に包括された、あるいは一体となった（競技・健康）スポーツによって、個々の人生への向き合い方の確立や「ウェルネス（≒健康≒より豊かに生きようとすること）」を育んできた歴史と文化があるのだ。今こそ、この概念の促進を目指すべきではないだろうか。

オリンピックの代表的な種目の一つともなった「柔道（JUDO）」や日本発祥の「駅伝（EKIDEN）」のように、日本人の強みを活かした「日本型スポーツ／体育（TAIIKU）」の価値を見直すべきだ。

スポーツ全般で繰り広げられるプレーには、筋書きのない展開が数々あり、それらは人生や社会に相通じる部分がある。また、わが国独特の「体育」文化で培われたとも言える「礼節（尊敬）」や「協調性」は、スポーツのみならず、社会における日本人の特性となっており、海外からも賞賛されている。

このような日本型スポーツの持つ教育的意義や価値をきちんと新しく体系立てて、継承すべきである。今後は、さらにウェルネスを促進するための理論と身体活動スキルの修得によって健康生活デザイン能力を高める「フィジカル・リテラシー教育」も望まれるであろう。

そこで、生涯にわたる学習への開かれた扉としての役割を持つ「スポーツ／体育」を融合した「日本版TAIIKU」の展開を見てみたい。そして、そのような教育の導入によって、身体を動かすことが生活の中でごく自然な

振る舞いとなり、それを通して、個々人の人生が、そして社会全体が豊かになってゆくことを願ってやまない。

③ 「of」「と「through」のとてつもなく大きな違い

心身の発育・発達の時期に丈夫な身体をつくっていくためには、運動に

コラム3
ライフマネジメント能力の確立の必要性
Physical Literacy教育の導入

不安化・不確実化・複雑化し、変容が著しい現代社会においては、「過去の成功体験」や「知識の参照」だけでは通用しなくなっている。これからの創造社会を見据えた教育には、「自らが問いを立て、内省と対話の試行を繰り返す学習と、周りに惑わされない"自分らしさ"を追求したWell-beingを獲得するためのライフマネジメント能力が重要」になる。

この能力を向上するのに相応しい科目が、身体教育学（≒「体育／TAIIKU)である。

身体活動のうち、体力の維持・向上を目的とし、計画的・意図的・継続的に実施するのが、わが国で言う「体育・スポーツ」である。いずれにせよ、「体育・スポーツ」の大命題は、その実施者の人生を通じてのウェルネス促進にあると言って良い。

その意味で、「Physical Literacy」概念の導入は意義深い。しかし、国内でPhysical Literacyの概念は、いまだ充分には普及しておらず、黎明期にある。なぜなら、わが国では数値ばかりを追って、「体力（構造と機能）を向上・増進させていくこと」に主眼が置かれてきたからだ。そして、それは残念ながら、今もなお続く。わが国の「身体教育学」の問い直しは、喫緊の課題である。

一方で日本には、国外の「Physical Education」には存在しない「体育／TAIIKU」という独自の概念がある。日本で言う「体育」には、スポーツや身体活動によって、人格形成を為そうとする独自の文化観がある。われわれは改めて、「体育／TAIIKU」が担う役割を見直しつつ、身体（活動）に関わる問

よるさまざまな刺激を与える「体育」が必要不可欠であると考えられる。

　しかしながら、「体育」は、「education of the physical（身体の教育：身体づくり）」のみが目的となってはならない。体育の元来の目的は、「education through the physical（身体活動を通じての教育：身体と人格づくり）」にあるのだ。すなわち、体育では、日常生活に必要な基礎的な体力、健康的な生活を送るために必要な能力、豊かに生きていくために必要な能

題を捉え直す「Physical Literacy教育」に着目しなければならない。Physical Literacyはすなわち、人のコミュニケーション活動の幅を広げる（非認知能力の向上）ための役割も果たすことになるからである。

　これまでのわが国のみならず、世界各国における身体教育法は、画一的な「健康・体力の維持増進のための理論や技術の修得」による運動・スポーツ実践力の養成にとどまっていた側面がある。しかしながら、運動習慣を形成し、Well-beingを促進させる行動は、自らが人生の意味を見い出し、仲間同士の心地良さにもとづいた結果であることを忘れてはならない。

　これからは、従来の「専門家主導の教育」から、コミュニティ（教育・地域・社会）が一体となり、相互に関わり合いながら（共生・協働）、一人ひとりが主役となるWell-beingを生み出すような「Physical Literacy教育」へのパラダイム変換にチャレンジしていくことが課題となるだろう。

表① 身体教育のパラダイム転換

	これまでの身体教育	これからの身体教育
目的	心身の鍛錬	Well-being の促進
教授者の立場	ティーチャー インストラクター	ジェネレーター
教育観	解を求める	問いを立てる
学修スタイル	一斉・一律 ルールの遵守	多種多様 ルールの変更
コミュニケーションスタイル	単方向（助言）	双方向（対話）
動機づけ	インストゥルメンタル（未来志向）外発的	コンサマトリー（現在充足）内発的
評価	身体能力向上	フィジカル・リテラシー向上

力の習得がそれぞれ目指されており、総合的な人間力の育成（フィジカル・リテラシー）にそのゴールがある、ということを改めて確認しておきたい。

　このような「体育」の元来の目的に対し、スポーツの実質は、語源にもとづく「楽しむ・遊ぶ」を目的として、身体を動かすことにその主眼がある。健康・競技スポーツでは、それぞれの場面や個々人に応じて、体育で培った3つの能力（基礎体力・運動能力、健康的生活デザイン能力、非認知能力）を基盤として、それらを発展（スポーツ・リテラシー）させていけば良い。専門的体力は基礎的体力習得の"礎"によって、健康体力は健康的生活デザイン能力習得の"礎"によって、人間力は非認知能力習得の"礎"によって、それぞれ向上していくことになるだろう（アスリート／フィットネス・リテラシー）。

　テクノロジーの発達が著しく、人のあり方・生き方が問われる時代や社会であるからこそ、尚更「体育・スポーツの連続体」という諸外国にないわが国独自の日本版体育（TAIIKU）を尊重したい。

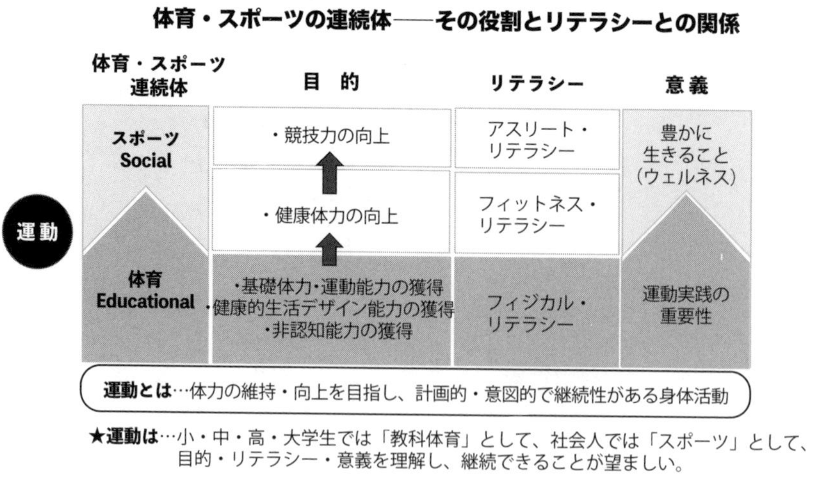

体育・スポーツの連続体──その役割とリテラシーとの関係

体育・スポーツ連続体	目　的	リテラシー	意　義
スポーツ Social	・競技力の向上	アスリート・リテラシー	豊かに生きること（ウェルネス）
	・健康体力の向上	フィットネス・リテラシー	
体育 Educational	・基礎体力・運動能力の獲得 ・健康的生活デザイン能力の獲得 ・非認知能力の獲得	フィジカル・リテラシー	運動実践の重要性

運動

運動とは…体力の維持・向上を目指し、計画的・意図的で継続性がある身体活動

★運動は…小・中・高・大学生では「教科体育」として、社会人では「スポーツ」として、目的・リテラシー・意義を理解し、継続できることが望ましい。

（杉浦）

図9-4　見直したい「体育とスポーツの連続体」

7. スポーツの未来を育てる

　スポーツとは、単に身体を丈夫にするだけのツールではなく、心をも豊かにできるツールであることを、たくさんの老若男女に気づいてもらいたい。そのためには、日本が抱えるさまざまな問題に「スポーツの力」で対処できることを見出し、スポーツの果たすその役割や意義を明らかにしていく、という作業が必要となる。

　そして、それによって近い将来、もっと多くの人がスポーツを「する」「みる」ようになり、スポーツが「文化」であることに「気づき」、そこからさらに「学び」、個々の人生をより豊かに輝かせていってもらいたい。スポーツをそのように活用してもらいたい、と願っている。

　アスリートが打ち込むスポーツそれ自体が深遠な界（領域）である。そこに人生のすべてがある、とまでは言わないが、人生において大切なことの多くがそこにはある、と言って良いだろう。スポーツには、そのような力がある。

　不確実で不安定な時代だからこそ、自尊心、自己肯定感、自立心、自制心、自信、そして協調性、共感する力、思いやり、社交性、道徳性といった「非認知能力」をスポーツを通して、養う必要があるのだ。これこそが人生において大事なことだ。

　科学を咀嚼し、スポーツの本質を正しく理解し、リテラシーをもってスポーツを「する」「みる」ことができるようになれば、スポーツはきっとわれわれを育ててくれるに違いない。

おわりに

「スポーツは夢をくれる。夢は力をくれる。力は未来をくれる」

　わが国は現在、少子高齢化のさらなる伸展や教育・社会における格差・二極化など、実にさまざまな問題を抱えている。筆者は、あらゆる世代がスポーツに親しみ、楽しむ習慣を身につけることができれば、それがこれらの問題に対する一つの解決策になる、と信じている。

　日常の中にスポーツが存在していれば、そこからより豊かに生きていくためのヒントが得られるはずである。なぜなら、スポーツには、人の心と身体、そして社会を健やかに育む力があるからだ。人も社会も、健康であれば、老若男女、誰もが目標や夢に向かって進むことができる。前向きになれる。また、そのプロセスで生まれる多くの人との触れ合いや絆が、その人の生き方をより豊かにしていってくれるだろう。

　そこには、さまざまな無形の財産が生まれてくる。その財産とは、それぞれにとって、どんなことでも構わない。そしてまた、それらを後世へと引き継いでいくことができれば、社会全体にさらに大きな夢のある遺産が生まれる。これこそが、「スポーツの力」であると信じている。

　スポーツとは、単に身体を丈夫にするだけのツールではない。心をも豊かにできるツールである。その豊かな可能性を、たくさんの人に気づいて、学んで、実践し、自らのために活用してもらいたいと思う。そして、多くの人に日本の抱えるさまざまな問題に対して「スポーツの力」でできることを見い出してもらい、その意義を明らかにして、一人ひとりや社会がより豊かになっていくことを、願ってやまない。

　「スポーツは夢をくれる。夢は力をくれる。力は未来をくれる」

　これは、2020東京オリンピック・パラリンピック招致委員会が掲げたスローガンである。不確実で不安定な今こそ、この力が必要なのだ、と強く

思う。

　スポーツは、人が創造した文化である。文化庁によれば、文化とは「人々に楽しさや感動、精神的な安らぎや生きる喜びをもたらし、人生を豊かにし、豊かな人間性を涵養するために重要である」という。

　私たちの社会は、情報技術などのさらなる発展によって、できなかったことが当たり前にできるようになった。この事実は、利便性が高まるという意味で歓迎すべきことであろう。しかし一方で、利便性のメリットを活用しながら生きていく未来は、一人ひとりがどのような目標や夢を持ち、どのようなスタイルで、それぞれの人生の課題に向き合っていくのかを、改めて突きつけてくる。すなわち、利便性に流されず、自らが主体的に欲する目標や夢を見つめ直す作業が常に必要となる。私たちが創造した文化としてのスポーツを「する」「みる」ことが、その際の一助となるはずだ。

　スポーツの楽しさ・大切さに気づき、学び、今より一歩進んだ次元を目指してもらいたい。本書の中で繰り返し述べてきた通り、スポーツとは「楽しむこと」「遊ぶこと」である。そうすれば、スポーツは確かに人生を豊かにしてくれるに違いないのだ。

2022年10月
潮風薫る「あけみ」を臨む明海大学浦安キャンパスにて
明海大学不動産学部教授　杉浦雄策

◎参考文献

第1章「スポーツ」を考える
・『スポーツとは何か』玉木正之（講談社）1999年
・『スポーツ科学への招待』深代千之（ベースボール・マガジン社）1996年
・『トレーニング科学 最新エビデンス』安部孝 編（講談社）2008年
・『科学のミカタ』元村有希（毎日新聞出版）2018年

第2章 スポーツと健康・体力
・「健康の基盤としての体力」青木純一郎（理学療法5(1) 21-26）1988年
・『年齢に応じた運動のすすめ わかりやすい身体運動の科学』宮下充正（杏林書院）2006年
・『人々を健康にするための戦略 ヘルスコミュニケーション』蝦名玲子（ライフ出版社）2013年

第3章 身体をつくる
・『筋肉学入門　ヒトはなぜトレーニングが必要なのか？』石井直方（講談社）2009年
・『体が生まれ変わる「ローカル筋」トレーニング』金岡恒治、小泉圭介（マキノ出版）2014年
・『競技力アップのスタビライゼーション』小林敬和 編、山本利春（ベースボール・マガジン社）
　2009年

第4章 身体を整える
・『日本人の体脂肪と筋肉分布』安部孝、福永哲夫（杏林書院）1995年
・『体脂肪－脂肪の蓄積と分解のメカニズム』湯浅影元（山海堂）1998年
・『スポーツ活動中の熱中症予防ガイドブック』川原貴ら（日本体育協会）2006年

第5章 身体を動かす
・『日常生活に生かす運動処方』青木純一郎、前嶋孝、吉田敬義（杏林書院）1998年
・『入門スポーツ科学 スポーツライフをエンジョイするために』杉浦雄策（ナップ）2013年
・「東京五輪50年 日本人とスポーツ「楽しむこと」が第一」佐伯年詩雄（読売新聞　2014年10月
　10日）

第6章 スポーツとアスリート
・「ああ言えばこう聞く 五輪に新風「遊び」の境地」為末大（読売新聞夕刊2021年8月24日）
・「社説 共生社会考える契機にしよう 東京パラ開幕」（読売新聞2021年8月25日）

第7章 アスリートの驚異の肉体
・『金メダル遺伝子を探せ！』善家賢（角川書店）2010年

第8章 人類の進化と科学の進歩、その光と影
・『イノベーションの達人！発想する会社をつくる10の人材 フォスベリーの背面跳び』トム・ケ
　リー、ジョナサン・リットマン、鈴木主税訳（早川書房）2006年
・「スピード水着 日本勢苦戦も「腕力勝る選手が有利」」河合正治（読売新聞2008年6月22日）
・「4×100mリレー・パフォーマンス向上のためのアンダーハンドパス技術と戦略」杉浦雄策、佐
　久間和彦、杉田正明（陸上競技会誌19.1. 65-77. 2021）
・『スポーツと薬物の社会学 現状とその歴史的背景』アイヴァン・ウォデイングトン、アンディ・
　スミス、大平章、麻生享使、大木富訳（彩流社）2014年
・「論点 勝利優先のスポーツ観 転換を」友添秀則（読売新聞2016年2月3日）

・「記録や技の進化は用具とともに オリンピック・パラリンピックのレガシー」北川和徳（笹川
　スポーツ財団ホームページ2021年4月9日）

第9章 スポーツの未来学
・『健康長寿のためのスポートロジー』田城孝雄、内藤久士（放送大学教育振興会）2019年
・「不確実な時代における身体活動の意義を問う フィジカル・リテラシー教育導入の提案」杉浦
　雄策、樋口倫子（日本保健医療行動科学会雑誌35.2. 15-22. 2021）
・「プレメディカル構想 スポーツを通じた健康都市づくり 不動産学、健康科学・行動科学、社会
　学の知恵を結集して」杉浦雄策、樋口倫子（明海フロンティア13. 31-36. 2014）
・「スポーツ・体育の連続体」阿江通良（スポーツ庁スポーツ審議会〈スポーツ基本計画部会〉
　意見伺いの会メモ抄、2016年7月5日）

すぎうら　ゆうさく
杉浦　雄策

◎著者プロフィール
明海大学不動産学部 教授（運動生理学、スポーツ医科学）
順天堂大学体育学部に入学し、同大学陸上競技部（短距離）に所属。その後、同大学大学院で体育学研究科体力学（運動生理学）修士課程を専攻し、1988年に体育学修士を取得。2002年から横浜市立大学大学院医学研究科（整形外科）で「トップスプリンターのハムストリング肉ばなれに関する研究」を順天堂大学スポーツ医学・陸上競技研究室と共同で実施。2008年に横浜市立大学で博士（医学）を取得。2009年より現職。スポーツ科学講義、スポーツ科学演習、健康・スポーツ講座などを担当。日本臨床スポーツ医学会。主な著書に『入門スポーツ科学 スポーツライフをエンジョイするために』（ナップ、2011年）、共著書に『運動生理学の基礎と応用』（ナップ、2016年）、『世界一流陸上競技者の技術』（ベースボール・マガジン社、1994年）など。

日常生活に活かす
スポーツ科学リテラシー

2022年10月13日　第1刷発行
2023年 4 月24日　第3刷発行

著　者　杉浦 雄策
発行者　株式会社ライフ出版社
　　　　〒101-0065東京都千代田区西神田2-7-11北村ビル202
　　　　TEL03-6261-5980　FAX03-6261-5981
　　　　E-mail　public-health@clock.ocn.ne.jp

デザイン　株式会社フレックスアート
イラスト・図版　豆田 尚子
印　刷　シナノ書籍印刷株式会社

ISBN 978-4-908596-04-9　　©2022 Printed in Japan

書籍

知れば深まる! 健康政策とグローバルヘルスの立脚点としてのヘルスプロモーション戦略

ヘルスプロモーションの原点回帰

著者が整理したヘルスプロモーションの5つの顔「双方向モデル」「自律的制御モデル」「因果律モデル」「持続可能な健康指向型社会モデル」「空観モデル」をもとに、その驚異的な幅広さと奥深さを解説。ビッグデータ等をAI分析してパーソナルベストが提案される近未来の扉の向うに必要な、生活環境病と健康格差を地域社会が解決する持続可能な次世代型ヘルスプロモーションの姿を描き出す。

順天堂大学国際教養学部グローバルヘルスサービス領域教授・湯浅資之
A5版・252頁　定価 3,000円（本体）＋消費税　ISBN978-4-908596-03-2

書籍

健康なまちづくりのエッセンス

社会創造的な展開がつくる「健康なまち」—Health Promotionのヒント

「Think Globally! Act Locally!」に徹する著者が、自治体支援で体感した「健康なまちづくりのヒント」と函館新聞のエッセイ「健康なまちづくりのエッセンス」をまとめた一冊。健康決定要因のコントロールの主体を「人々」に置き、「自らの健康」を重視したところにバンコク憲章の意義があるとする筆者が「ヘルスプロモーションは医学的・保健的なアプローチを超え、社会創造的な展開を必要としている」と訴える。

東洋大学ライフデザイン学部健康スポーツ学科教授・齊藤恭平
A5版・150頁　定価 2,500円（本体）＋税　ISBN978-4-908596-02-5

書籍

事例分析でわかる

ヘルスプロモーションの「5つの活動」

ヘルスプロモーションの定義を再確認し、活動を展開するためのヒントを探る。狭義の健康増進活動からヘルスプロモーション本来の戦略への転換、言い換えれば、医学モデルから社会モデルへの転換という文脈のもと、現場の具体的事例を取り上げ、「ヘルスプロモーションの5つの活動」の観点で解説的に検証した一冊。

健康社会学研究会
B5判・192頁　定価 2,500円（本体）＋消費税　ISBN978-4-908596-00-1

書籍

地域を変えた「絵本の読み聞かせ」のキセキ

シニアボランティアはソーシャルキャピタルの源泉

現役シニアボランティアが選んだ子どもたちに何度でも読んであげたい絵本 続々101選

地域を丸ごと元気にするヘルスプロモーションプログラムとしてのシニアによる絵本の読み聞かせ徹底ガイド。超高齢社会を乗り切るための「社会参加」「健康づくり」「認知症予防」の切り札である読み聞かせシニアボランティアの10年間のキセキ（軌跡・奇跡）とエビデンスを網羅。子どもたちや子育て世代はもちろん、高齢者をも支えるこれからのシニアの「社会参加」のあり方を 実践活動から提言する。

東京都健康長寿医療センター研究所社会参加と地域保健研究チーム研究部長　藤原佳典ほか
四六判変形・336頁　定価 2,000円（本体）＋税　ISBN978-4-9903996-9-6

超高齢社会を生きる医療保健福祉従事者なら知っておきたい!!
生活を分断しない医療
医療に「依存」する時代から 医療を生活資源として「活用」する時代へ

欧米が70年代、80年代に「医療の限界」を経験したのと対照的に、そのプロセスを踏まずに来たわが国が直面する超高齢社会における健康づくり、介護予防をはじめとした医療保健福祉の方向性をわかりやすく解説。患者の生活を分断しない病院、事業所、地域のあり方を急性期病院で改革に当たる行政経験豊富な筆者が提言する。

愛媛大学医学部附属病院医療福祉支援センター長 櫃本真聿
四六判変形・256頁　　定価 2,000円（本体）＋税　　ISBN978-4-9903996-5-8

地域包括ケアに欠かせない
多彩な資源が織りなす地域ネットワークづくり
高齢者見守りネットワーク『みま～も』のキセキ

専門職たちが地元密着型の百貨店や建設会社、商店街などの地域資源とつながり合って高齢者を見守り、地域全体で支えていく「おおた高齢者見守りネットワーク・みま～も」。話題沸騰の「SOSキーホルダー」「みま～もレストラン」といったユニークな取り組みのプロセスを余すところなく紹介。地域を超高齢社会仕様に変容させるネットワークづくりのヒント満載の一冊。

大田区地域包括支援センター入新井センター長、牧田総合病院医療福祉部長・在宅医療部部長 澤登久雄／東京都健康長寿医療センター研究所社会参加と地域保健研究チーム 野中久美子　ほか
A4判・120頁　　定価 2,500円（本体）＋税　　ISBN 978-4-9903996-4-1

健理学のススメ
―これからの健康支援活動を考えるヒント

健理学とは、豊かに生きるための健康支援方法を考える基礎理論の一つ。リスク因子よりもサルート因子を重視し、セルフケアやエンパワメントなどを応用し、専門家による価値づけをせずに、本人と支援者が相互に成長していくプロセスを尊重する考え方である。脱・医療モデルを意図した新しい時代の健康支援活動を担う専門職のためのガイドブック

首都大学東京 都市環境学部 大学院・都市システム科学専攻域・教授　星旦二
A5判・144頁　　定価 2,000円（本体）＋税　　ISBN978-4-9903996-7-2

シニア向け
ノルディックウォーキング・ポールウォーキング GUIDEBOOK
超高齢社会のウォーキング・イノベーションの知識と技術、そして展開方法

超高齢社会を元気にする切り札がシニア向けノルディックウォーキング・ポールウォーキング。ポールの使用で転倒不安が減少し、下肢筋力やバランス機能、歩行機能がダイレクトに改善するため、フレイルや認知症等の予防はもちろん、ソーシャルキャピタル醸成にも資するツール。本書は、シニア向けの基本メソッドや、実践事例、指導時の注意点などを解説した一冊。

ノルディックウォーキング・ポールウォーキング推進団体連絡協議会
A4判・216頁　　定価 2,500円（本体）＋税　　ISBN978-4-9903996-8-9